Lasse Los

AF191376

Im Gehege einer E H E ?

P a a r -

Wahr-iationen

Gedichte

Lasse Los, Jahrgang 1947, Diplompädagoge und Psychologe, Liedermacher und Dichtender, kurzum: Passionierter und mittlerweile pensionierter Mitmensch, beruflich in verschiedenen sozialpädagogischen und psychologisch beratenden Feldern, auch spirituell begleitend, kreativ tätig gewesen, seit über dreißig Jahren seine Lebensweisheiten (ver)dichtend aktiv.

Paar-Wahr-iationen

Missglückend

Nach dem Lieben,
nach dem Hassen,
nicht mehr zuein-
ander passen.

Normalnormierend

Nicht mehr lieben,
nicht mehr hassen
und doch zuein-
ander passen.

Gelingend

Nach dem Lieben,
nach dem Hassen,
end-lich zu-ein-
an-der passen.

Lasse Los

Im Gehege einer

Paar-

Wahr-iationen

Gedichte

Bibliografische Information der Deutschen Nationalbibliothek:
Die Deutsche Nationalbibliothek verzeichnet diese Publikation in der Deutschen
Nationalbibliografie; detaillierte bibliografische Daten sind im Internet über
http://dnb.dnb.de abrufbar.

© 2023 Name des Autors/Rechteinhabers: Lasse Los

Umschlaggestaltung: Lasse Los
Edition LOS Band 25
lasselos@email.de

Herstellung und Verlag:
BoD - Books on Demand,
Norderstedt

ISBN: 978-3-7568-8119-2

Inhalt Seite

Vorwort

In

meiner langjährigen

Beratungsarbeit wurde ich häufig

mit Paar-Problemen konfrontiert. Und das waren

nicht nur "ein paar" Probleme! Die dichterische

Aufarbeitung vielfältiger Problemsituationen

und ihrer möglichen Lösungen präsentiere

ich in diesem Gedichtband in Auswahl.

Von der beratenden Begleitung

misslingender, normal-

normierender und

zunehmend

gelingender

Paar-Wahriationen

habe ich auch für meine Ehe*

profitiert, die seit zweiundfünfzig Jahren

mit einigen durchgestandenen Krisen gehalten hat.

Siehe dazu die Gedichte in dieser Schrift auf den Seiten 93, 97, 98 + 106

Prolog

Lasst Euch trauen im Vertrauen

Lasst Euch trauen im Vertrauen
darauf, dass Ihr Euch gefunden,
um ge~mein~sam zu erkunden,
was an milden und an rauhen
Gaben Euch das Leben schenkt.

Lasst Euch trauen im Vertrauen
darauf, was Ihr Euch versprochen:
Immer wieder hinzuschauen,
um Euch nie zu unterjochen
mit all dem, was Euch bedrängt.

Lasst Euch trauen im Vertrauen
auf die Ein~zig~Ar~tig~keit
Eurer Liebe! Auch in flauen
Zeiten: Seid dazu bereit,
an ihr weiter noch
zu bauen.

Und
nach manchem
Ehestreit braucht Ver-
söhnung ihre Zeit! Lasst
den Liebestrank Euch brauen,
der in allem, was Euch kränkt,
heilsam zueinander lenkt.
Lasst Euch trauen
im Vertrauen!

Missglückende Paarbeziehung

Abbruchreif

Ihre Ehe hat sie jetzt
zum Abbruch freigegeben.
Immer wieder neu verletzt,
will sie so nicht weiter leben.

Das Ge~he~ge ihrer Ehe ist
im Lauf der Zeit verwildert.
Und sie hat ihr Ach und Wehe
viel zu lange abgemildert.
Hat der Lage sich gefügt,
leidbereit stets durchgehalten.

Bis UR~EI~GE~NES sie gerügt,
sich nicht weiter selbst zu spalten,
weil sie keinem so genügt,
wird sie sich nicht selbst
entfalten.

So hat sie die Ehe jetzt
ab-bruch-reif frei~gegeben.
In Zukunft will sie wertgeschätzt
und auch von anderen nicht verletzt
mit sich und ihnen Neues leben.

Ach, sie hätt` es wissen müssen!

Ach, sie hätt`
es wissen müssen,
als er sie einst aufgerissen
und sie bei ihm angebissen,
dass schon bald nach all` den
Küssen und den Freuden in den
Kissen mit den Liebesaktergüssen
die Beziehung, schnell verschlissen,
einfach von ihm weggeschmissen.
Sie fühlt sich so arg beschissen
und zergeht in Tränenflüssen.
Ach, sie hätt` es wissen
müssen!

Abwehrkrampf im Lebenskampf

Dein tiefstes Nein zum Liebesleben
verkrampft Dir Deinen Unterleib.
So bist Du Dir nicht ganz gegeben
und lebst Dich nur als halbes
Weib.

Du sehnst Dich
zwar nach der Erregung,
die Dir Dein Mann erzeugen kann
in sexueller
Mitbewegung.
Doch lässt Du ihn
An-DICH nicht ran!

Zu tief sitzt früher Abwehrkrampf,
Dich ALLEM-LEBEN hinzugeben.
Und Du bejahst ihn noch im Kampf
um Dein soziales Überleben.
Wie willst Du
damit glücklich werden
in Deiner Restlaufzeit auf Erden?

Aufgegeben

Es war Euch aufgegeben,
das Eurige zu leben, und
es nicht aufzugeben.

Du
hast nach
kurzem Mitweben
und langem Widerstreben
das Eurige auf-ge-ge-ben.

Viel nehmen, wenig geben!
So wolltest Du nur leben.
Das war nicht aufgegeben.

Drum hat sie`s aufgegeben,
den Schatz allein zu heben,
der Euch-mit-EUCH gegeben.

Beziehungsfalle

Wollte sie nicht, was er wollte,

zog er sich zurück und schmollte.

Wollt` sie`s doch nun, was er wollte,

grad` jetzt wollt` er`s nicht und trollte

sich und schimpfte, was das sollte,

woraufhin sie stets ihm grollte

und auch mit den Augen rollte,

doch sich ihrem Groll nicht stellte,

weil sie Angst hatte vor Schelte,

die sie nicht erleiden wollte,

diesem so Beachtung zollte,

dass sie immer dann nicht wollte,

wenn sie sollte, was er wollte,

und wenn er ihr deshalb schmollte,

sie beschimpfte und sich trollte,

es nun gerade von ihm wollte,

was sie häufig wollen sollte.

Beziehungsstau

Sie fleht ihn an, sie bettelt: „Ach, vertone
mich doch im Tanz, im Boogie-Woogie der Hormone!"

Zwar hat er Lust.   Doch ist sie seine Frau!
Drum kann er nicht, drum will er nicht, ihn lähmt Beziehungsstau.

Er weist sie ab, lässt sie allein!   Und zieht sich still zurück.
Noch liebt sie ihn.   Doch bröckelt ab das einst errrung`ne Glück.

Wie lange wird es dauern,   bis sie ihn wohl verlässt,
nachdem er längst entschwunden ist aus dem geglaubten Nest.

Und wenn sie geht,   wird er vielleicht erahnen,
was sie in all` den Jahren ihm bedeutet hat!

Blendendes Gehege

Sie leben unter einem Dach
und gehen sich doch aus dem Wege.
Gelingt es nicht, gibt es meist Krach.
Es birst das blendende Gehege.

Das
Gleichnis spricht
von
Ehe-
gruft

Sie tauschen
Nettgkeiten aus und
halten sich damit im Zaum.

Sie pflegen jetzt ihr Ehehaus nicht
so, wie sie es einst als Raum
geträumt für das Zusammenleben
als Ehepaar, als Frau und Mann,
die sich im Liebesaustausch geben,
was jeder schenken will und kann.

Sie haben sich im Lauf der Zeit
nur eingenistet in ein Nest, das
sie nach außen schützt im Streit
doch innen sie nur leben lässt
in stickiger verbrauchter Luft.

Das Gleichnis spricht
von Ehegruft.

Die
Leiden
schaffende
Partnerschaft

Wenn die Partnerschaft
nur die Partner schafft,
und die Leidenschaft
nur noch Leiden schafft.

! ! ! ! ! ! ! ! ! ! ! ! ! ! !
? ? ? ? ? ? ? ? ? ? ? ?
! ! ! ! ! ! ! ! ! ! ! ! !
? ? ? ? ? ? ? ? ?

! ! ! ! ! ! ! ! !
? ? ? ? ? ?
! ! ! !
?

… doch gegessen wird zuhause?

Was
hilft es ihm,
falls er bei ihr
den Appetit entdeckt,
der sein Verlangen weckt,
wenn er zuhause das Plaisir,
auf den der Appetit abzielt
schon lange nicht mehr kennt,
weil kein Begehren mehr brennt,
das zwar in Fantasien noch spielt,
doch sich alltäglich leise wegstiehlt,
er seinen Liebes-Hunger meidet,
nur noch verborgen daran leidet,
bis der - verdorrt - ihn nicht
mehr aufwühlt,
er seinen
Liebes-Durst nicht stillt,
der sich nur heimlich ihm enthüllt,
bis er - verdurstet - nichts mehr fühlt.

Duldungs-
abnah-
me

Zähneknirschende Duldung:
Zunehmendes Knirschen!
Abnehmendes
Dulden!

Du wolltest es nicht hören!

Du wolltest es nicht hören!
Du hast es nicht
gehört!

So
konnt` es
Dich nicht stören
bei dem, was Dich betört.

Du könntest heute schwören,
frag` ich: Hast Du`s gehört?
Da war doch nichts zu hören!

Und Du wirst Dich empören,
wenn man Dich damit weiter stört.
Und Du wirst wieder rumröhren:
Ich habe n i c h t s g e h ö r t!

**Sind
nur noch
Kinder Ehebinder?**

Sind nur noch Kinder Ehebinder,
im Ehewinter frühlingshaft,
verwittern sie in
Frühlings-
haft.

EHE Dich die LÄHMUNG packt

In Deiner Nähe lahme ich,
werd` altersschwach und zahm.
Mit Deiner Art betäubst Du mich,
verdirbst mir meinen Charme.

Du bist dabei,
Dich selbst zu lähmen
mit Deiner Gier nach Harmonie.
Du willst Dich selbst nicht annehmen.

Du plagst Dich ab in Selbstregie,
Dir Jenes zu erwerben,
was als Geschenk Du nur erhältst,
wenn Du Dich nicht mehr weiter quälst,

ein~wil~ligst in das Ster-ben
der eigenen Selbstrechtfertigung,
die Dich auch weiterhin zersägt,
in die Ver~gegen~wärtigung
dessen, was das Leben trägt.

Ehe-Duft – Ehe-Luft

Manchmal kann sie Dich nicht
riechen, Du verbreitest einen Duft,
der sie heimlich weiterkriechen lässt.
So wird zwischen Euch die Kluft

noch viel tiefer aufgerissen,
auch wenn Du es nicht gewahrst,
es verdrängst und Dir beflissen
Dein Ur-Eigenes ersparst.

Du kommst nicht auf Deine Kosten,
solange Du Dich-Selbst vertreibst,
Dich im Randbezirk zerreibst.

So wirst Du nur selbst verrosten,
untergehen im eigenen Mist,
der Dich vollends dann zerfrisst.

EHE-Durch-BRUCH

Sie
liebt ihn mehr,
den jungen Hund,
als ihren eigenen Ehemann.

Wenn ich sie treff`, tut sie es kund:
Sie trabt mit ihrem Hund voran,
tankt so die Kraft des Jungen.

Er trottet muffig hinterher.
Die Ehe scheint miss-lun-gen.

Er sagte mir, er hasst ihn sehr, den
jungen Hund, der ihm die Frau
genommen. Und manches Mal
erträgt er nicht die Ehequal und
wünscht sich im Beziehungsstau den
Durchbruch auf befreite Bahn
in einem neuen Lebensplan.

Ehe - Patt^{zig}

Ihre schlaffe Hängebrust
spricht von ihrem stummen Frust
durch die Störung im Getriebe
ihrer e-he-li-chen Lie-be.

Ach, ihr schlaffer Hängebusen
schreit nach neu erwecktem
Schmusen und nach intensivem Akt,
nicht nur im Drei-Monats-Takt.

Ihre schlaffe, müde Brust
trauert um so manche Lust,
die sie nicht genossen hat
jahrelang im Ehe-Patt.

Ehe-Pflicht

Wenn`s in seinen Lenden flackert,

er mich wieder nieder rackert,

auf mir heftig rum ackert,

dabei wie Geflügel gackert,

in mir seinen Sack ausschlackert,

weg schläft, schnarchend rumtackert,

hab` ich meine Pflicht erfüllt

und kann endlich schlafen.

Ehe-Sterben

Eure Ehe stirbt schon lange!

Habt Ihr es noch nicht gemerkt?
Nicht ihr Sterben macht mich bange,
sondern wie Ihr das verbergt,
was getrost Euch sterben soll,
weil es längst schon überlebt ist.

Doch Ihr weicht noch keinen Zoll
ab vom Alten und Ihr klebt
starrsinnig am Immerselben,
kreuzigt Euch mit Illusionen
und fahrt nur noch auf den Felgen.

Gnadenlos wollt Ihr Euch schonen
vor der Wahrheit, dass die Reifen
neue Luft zum Rollen brauchen,
neuen Druck, um nicht zu schleifen
und um sich nicht aus zu schlauchen.

Ehe-Trend-Drift

Ach,
trennt Ihr
Euch nicht miteinander
von Altem, lange Überlebten,
und wenn dies nicht mehr möglich ist,
dann voneinander wegen ihm,
wird jenes alte Überlebte,
an dem ihr weiter kleben bleibt,
Euch schleichend voneinander trennen,
dass Ihr nur noch gemeinsam einsam
im Nebeneinander her lebt.

Und kommt zu früh in
seine Wohnung! Erschrickt!
Welch`eine Lustvertonung
schrillt von der Coach!

Ein Ehe-Gau?

Der
beste
Freund
stiehlt
seine Frau!

Ein bisschen was!

Ein bisschen was ist sicherlich
ein bisschen mehr als gar nichts!

Doch bleibt es stets ein bisschen nur
auf der Ein-Bisschen-Lebensspur
und das heißt wohl im Klartext:
Fast gar nichts!

Ein folgenreicher Partnertausch

Und wenn er sich auch noch so müht
und sämtliche Register zieht,
bemüht wird er`s ihr
nicht besorgen,
es derart nicht erledigen
und sie nicht so befriedigen,
wie sie`s erlebt an jenem Morgen
im ju-beln-den Eks-tase-Rausch
beim abgesprochenen Partnertausch
mit dem, der bisher Freund nur war,
als ihr mit ihm das Glück geschah,
im mehrfachen Orgasmusbeben
sich in Ekstase zu erheben.

Ein tödlicher Fehltritt

Das Gekreisch der Nachbarin
tönte aus dem Gartenhaus.
Ganz besorgt lief sie hin und
was sah sie: Ach, oh Graus!

Ihn, der ihr einst angetraut,
grad` die Nachbarin begatten,
heftig bebend, Haut an Haut,
vor dem seligen Ermatten.

Tief erschrocken schrie sie auf!
Doch das störte kaum den Lauf
hin zum Gipfelpunkt der Lust.

Schmerz durchzuckte ihre Brust!
Es zerriss ihr Lebenslot und
sie starb den jähen Tod.

Endlich gecheckt

Beim Dichter Gernhardt liest er
in einem lichten Vierzeiler:

„In jeder Frau,
da steckt ein Sexualobjekt.
Das muss der Mann erwecken,
sonst bleibt es in ihr stecken.“

Jetzt hat er es gecheckt:

Auch in der Ehefrau
steckt ein Sexualobjekt.
Doch hat er`s nicht erweckt,
weil sie es stets vor ihm versteckt.

Entzug

Sie zieht
ihn nicht mehr an!
Er zieht sie nicht mehr aus!
Denn E S entzieht
sich ihnen!

Erheblich vergeblich

Sie trifft sich mit dem Ehemann
der Freundin und sie klagen an,
was in den Ehen im Gerangel sich
längst erweist als Liebesmangel.

Nach all` der Klage-Entblößung
und manchem Glas vom guten Wein
ist jener Schritt nur noch sehr klein
zur lüsternen Rund-Um-Vertröstung.
Was sie sich gönnen, lässt sie hoffen,
die Liebe sei noch einmal offen.

Sie trennen sich aus ihren Ehen,
um sich gemeinsam zu vergehen
im uralt-neuen Musterringen,
für sich die Liebe zu erzwingen,
und zwar erheblich, doch vergeblich!

Er ist für sie ihr Seelenklau

Frus-trier-te Pro-fes-so-ren-frau
im unterkühlten Ehebau erlebt
sich meistens Grau-in-Grau.
Die Ehe ist für sie zu
lau.

Ihr Mann,
der ist ja, ach, so schlau
und nimmt das Meiste sehr genau,
macht daraus seine Männerschau
als akademische Rampensau und
steht dabei im Leistungsstau.

Er hatte immer einen Hau!
Das nahm sie einst
nicht so genau!
Denn er war
ja ihr stolzer Pfau,
die Ehe noch wie Morgentau!

Jetzt aber vor dem Ehe-Gau
ist er für sie ihr Seelenklau.

Es nochmal krachen lassen!

Sie wollt` es
nochmal krachen lassen!
Jetzt hat sie ihren Ehekrach!

Ihr Ehemann konnt` es nicht fassen:
Sie wurde bei `nem anderen
schwach!

Und um
ihr eine zu verpassen,
legt er jetzt auch `ne andere flach!
Nun können sie sich offen hassen!

Es zieht ihn nicht
mehr zu Dir
hin

Es

zieht ihn

nicht mehr zu Dir hin.

Es stößt ihn eher von Dir ab.

Er war einst von Dir hin und weg.

Jetzt ist er eher weg als hin.

Euch verpassen?

Schon

lange passt

es nicht mehr

zwischen

Euch,

und deshalb

passt sie auch zumeist, wenn Du

versuchst, es dennoch passend zu machen.

Noch passt sie sich an, doch lange währt es wohl

nicht mehr. Denn sie gewahrt es zunehmend,

wie sie sich dadurch selbst verpasst

und Euch damit etwas verpasst,

was nicht mehr zu Euch passt.

Füreinander

Nach dem kurzen Bei-ein-an-der,
Auf-ein-an-der,   In-ein-an-der,
probten sie schon aneinander,
miteinander, aus-ein-an-der,
stritten sich untereinander,
spotteten übereinander,
schämten sich voreinander,
schworen sich ein, füreinander.
Und in diesem Durcheinander
mit errung`nem Gegeneinander
ließen sie bald   voneinander,
kamen nie mehr zueinander.

Gar nicht so selten!

Die
Schwägerin
- von ihm entzückt -
hat er in ihrem Bett beglückt!
Nun hängt er fest im Ur-Konflikt mit
seiner Frau und seinem Schwager.
Gespalten ist das Ehe-Lager!
Du meinst, das
kommt nur
selten vor: Wo lebst
Du eigentlich, Du Tor?

Geborgtes Lied

Denn was ich Dir bedeute,
hast Du mir längst gezeigt.
Doch ich begreif` erst heute:

Was Du mir von Dir vorgegeigt,
das war nur ein geborgtes Lied
und nicht DEIN-EIGENES Tönen.

Ich höre jetzt den Unterschied!
Will mich nicht mehr verwöhnen
mit der schnöden Illusion, ich
wär` Dir lieb und teuer.

Es glimmt nur noch, das erste Feuer.
Ich lern` die schmerzliche Lektion:

Lausch` achtsam,
Du, beim Paarungstanzen
auf nur gespielte Resonanzen!

Gehegemüde

Er holt sich lieber einen runter,
als noch mit ihr ins Bett zu geh`n.
Bei ihr kann er kaum noch besteh`n:
Nur Onanie macht ihn noch munter.

Doch liegt es nicht an der Potenz.
Sie hat nur wenig nachgelassen.
Es stört die mangelnde Präsenz,
sich liebevoll noch zu umfassen.

Was einst erhitzte, ist verglüht.
Sie dulden sich in Zweisamkeit,
sind schon zu müde für
den Streit.

Die alte
Liebe ist verblüht.
Es geht ein jeder seiner Wege.
Was hält sie noch in dem Gehege?

Gelegenheit verpasst!

Die
Beziehungsstrategie,
Dich zurückzustellen, um mich
stets zu pflegen wie ein Vieh
im Gehege, das Du um Dich
nur für uns errichtet hast,
musste scheitern.
In
der Mast,
die Du Dir und
mir verpasst, hast Du
Dich und mich verpasst.

Geschwisterehe

Wie eine
Schwester bist Du noch!
Die Ehe aber ist gestorben,
still unter dem rigiden Joch
entzogener Zärtlichkeit
verdorben.

Gestrandete Ehe

Ihre Ehe ist verlandet!
Die Gefühle sind versandet.
Und wenn doch mal was anbrandet,
ist es bald schon gestrandet.

Ich hab` vom Sex die Nase voll!

Ich hab` vom Sex die Nase voll!
Denn immer, wenn wir uns begehrten,
und miteinander dann verkehrten,
war er, mein Mann, meist nicht so toll!

Er hat sich stets an mir befriedigt!
Und das ging meistens ziemlich flott!
Für ihn war es danach erledigt
mit diesem kurzen Lustkomplott.

So hat sich mein Begehren verkrochen!
Ich fühlt` mich oft wie`n Hund, dem man
der fleischbesetzten Superknochen
nur hinhält, dass er schnuppern kann,
doch ihn entzieht, will er ihn schnappen
als den ihn scharf machenden Happen.

Befriedigung wurd` mir versprochen,
doch das Versprechen meist gebrochen.
Drum habe ich nach all` dem Frust,
der mir mein Lustbegehren zerstochen,
nun keine Lust mehr auf die Lust.

Ihr Ehe-Patt

Chronisch unterernährt
im E~ro~tisch~Sexuellen
spürt er, wie es an ihm zehrt.
Doch er will sich dem nicht stellen.

Seine Frau, die kalte Hilde,
macht ihm stets die Hölle heiß,
packt ihn manchesmal das Wilde
und treibt ihn auf`s Gegengleis.

I h r e   E h e   i s t   e i n   P a t t.

Was sie hält, ist ihr Schachmatt.
Ach, wie hat er dieses satt!
Doch es findet weiter statt,
bis es bricht, dieses Rad
im finalen Ehe-Cut.

Ihre Ehe

Ein

bemüht freundliches

Sich-Immer-Wieder-Einmulden

ins unvermeidlich gegenseitig

Sich - Nur - Noch -

Erdulden.

Ich verstehe Deinen Mann

Hör` ich mir Dein Bekenntnis an,
versteh` ich Deinen Ehemann,
der sich von Dir betrogen fühlt
und seinen Trieb woanders kühlt.

Du hast das, was Euch einst verband,
im Lauf der Zeit verkommen lassen.
Weil er bei Dir es nicht mehr fand,
hat er aus Angst, es zu verpassen,

woanders dies` erneut gesucht,
doch weil er noch an Dich gebunden
und es deshalb noch nicht gefunden,
nun monatlich Bordell gebucht.

Dort wird er manches Frische lernen.
Das wird ihn ganz von Dir entfernen.
Ach, ich verstehe Deinen Mann,
hör` ich mir Dein Bekenntnis an!

Ihm und Dir die Frau versagt!

Als Frau
has$_s$t Du Dir nicht
erlaubt, für ihn als Mann
die Frau zu sein. So hast
Du beide Euch beraubt!
Du lebtest Dich als
Schwester-
lein!
Als
solche
hast Du ihn
betreut, ihm ein
Familiennest bereitet,
ihn und die Kinder gut
begleitet und diesen
Schritt auch nie
bereut.

Doch
hast Du Dir
die Frau versagt,
sie stets auf späterhin
vertagt, und Dich und ihn
damit geplagt, bis Du,
verzagt, als Frau
versackt!

Ihr Herz verschonen

Es
wird ihm
jetzt immer klarer:

"Ich hab` mir etwas vorgemacht!
Es wird immer einsehbarer,
was ich heimlich oft gedacht:
Unsere Ehe ist gerissen,
früh schon in den Anfängen.
Heute ist sie nun verschlissen!
Wir gewahren es, verdrängen
es nicht mehr, auch wenn
es schmerzlich uns
berührt, so öffnet es doch
jene Tür, die ins Schwärz-
lich-Dunkle führt, in das Loch,
in dem die Eisenringe wohnen,
die ihr Herz davor verschonen,
sich mir liebend hinzugeben
im versprochenen Eheleben."

Im helfenden Geherrsche

Und vom Krebsleiden verdorben,
ist sie gestern nun gestorben!
Ich versuch`, um sie zu trauern,
doch ich pralle an den Mauern
ab, die sie um sich errichtet
als zwanghaft, sich verpflichtet,
andere helfend zu beglu_ecken,
mit der Hilfe sie zu d_ru_ecken
unter ihren Rettungsschirm,
der sie selber retten sollte,
weil sie freierem Leben grollte.
Darin war sie stets sehr firm.

Zweimal hat sie ihr Mann verlassen,
durch Auszug und durch jähen Tod.
Wahrscheinlich konnt` er`s
nicht mehr
fassen,
wie
sie die
eigene Seelennot im
helfenden Geherrsche pflegte
und so auch ihre Ehe lahmlegte.

In Eintracht danach trachten

Sie trachten in Eintracht danach,

die Zwietracht zwischen

ihnen zu betrachten,

die sie in langer Ehe entfachten,

wenn sie im Streite aneinander krachten

und dabei ihre düsteren Bilderfrachten

im Wettkampf zur Aufführung brachten,

dabei nur an den eigenen Vorteil dachten

und die Aufführung des anderen verlachten.

Ins
ab-
wärtig
Belanglose

Ich interessier`
mich nur für DICH
nicht aber für Das-Deinige.
Kontaminierst Du mich damit,
zerlangweilt es mich Schritt für Schritt,
den Du Dir zu zergehen erlaubst
ins abwärtig Belanglose
und mir so meine
DU-Kraft raubst.

Klage einer Frau über
seine männliche
Neurose

Dies
ist seine Neurose:
Er geht mir an die Hose
und streichelt mich solange,
bis ich erregt nach ihm verlange.

Und wenn ich ihn liebkose, dann
wird ihm vor der Nähe bange.

Der liebenden Vereinigung hält
er nicht stand, er flüchtet sich
in schnellem Gange in Selbst-
befriedigung an mir, lässt mich
enttäuscht zurück nach seinem Ritt.

Wir schlingern Schritt um Schritt
noch weiter auseinander.

Lebst Du denn noch?

Ich versuche, Dich aus meinem
Herzensgrunde zu vertreiben.
Doch er ist nicht einverstanden.
Du sollst weiter in ihm bleiben.

Auch wenn Du-mich sehr enttäuscht hast,
ist Dein Platz in-MIR bewahrt.
Und MEIN-Tiefstes, es vergibt Dir
Deine gleichgültige Art.

Lebst Du denn noch? Oder bist du
schon gestorben vor dem Tod,
neu betäubt und auch erblindet
für das eine Morgenrot,

das uns einst zusammenführte
und im Tiefsten mich berührte,
Dir in allem bei~zu~stehen,
bis wir irgendwann verwehen.

Liebe machen?

Ihr vergebliches Bemühen,
Liebe krampfhaft zu entfachen,
lässt die Liebe nicht erblühen.
Liebe kann man nicht machen!

Ratlos lassen sie sich stehen,
sind sich fremder als zuvor,
überspielen das Geschehen
mit erprobtem Flos-kel-flor.

Und so schützen sie erneut sich
vor dem, was nicht gelungen
und was sie sogleich bereu`n
als es wieder falsch geklungen.

Liebeskränkung

Gehe ich, dann kränk` ich Dich!
Bleibe ich, dann kränk` ich mich!
Denn ich such` die echte Liebe
für`s alltägliche Getriebe.

Und ich werde sie auch finden,
werd` ich mich von Dir entbinden.
Tu` ich es, dann kränk` ich Dich!
Tu` ich`s nicht, dann kränk` ich mich!

Liebesringen

Er
geht nicht
jeder ans Leder!
Nur einer, nämlich
seiner!
Es sei denn,
sie verweigert
sich, dann kann
er auch unweigerlich
zu einer andern wandern
und mit ihr jene Bettenkür
durchexerzieren und probieren,
was noch so geht in Liebesdingen,
so lang` er steht beim Liebesringen.

Liegt die Ehe im Ermatten

Liegt die Ehe im Ermatten,
ausgereift sich zu bestatten,
sollten sich zerstrittene Gatten
nach ver-geb-lic-hen De-bat-ten
nicht mehr misstrauisch beschatten,
sondern freundlich sich gestatten,
sich mit anderen zu begatten.

Lust-
verwohnte
Selbstvertreibung

Zerbrochen ist das Eheglück,
das lange schon durchlöchert klang
vom täglichen Hin und Zurück.

Das mühsam um Erhaltung rang
mit dem So-Tun-Als-Ob-Verkleber,
der nur aus dem Gewohnheitsbann
die Kraft zum Halten ziehen kann.

Zerbrochen ist das Eheglück, ganz
plötzlich, wie im Quantensprung.
Es gibt nicht mehr den Weg zurück.

Es tritt ein neuer Lebensschwung
aus noch verborgenem Quellengrund
und fordert achtsames Gewahren
bei dem Versuch, sich neu zu paaren.

Zerbrochen auch das nächste Glück
im ei-li-gen Zu-sam-men-prall
und tät-li-chen Hin und Zu-rück
mit hef-ti-gem Paa-rungs-kra-wall.

Nun, eines Nachts endlich erwacht
aus selig-wohliger Betäubung und
lustverwohnter SELBST-Vertreibung.

Lustvolles Ehe-Patt

Wenn
Du mich willst,
musst Du mich fragen,
ob ich es will. Ich werd`s Dir sagen!
Und will ich`s nicht, musst Du`s ertragen
und nicht verzagen, bis ich es will.

Und willst Du es mir einfach geben,
wirst Du, was Du schon kennst, erleben.
Auch wenn ich`s wollte, lass ich mich
nicht darauf ein und halte Dich

in Schach
mit diesem Ehepatt,
genieße es, drehst Du am Rad
und gehst mit neuem Drama schwanger
und stehst am Ende selbst am Pranger,
bist so zerknirscht und klein mit Hut:
Wie lieb` ich es! Ach, tut das gut!

Man-
gelhaft bis
Ungenügend

Sie geben sich zu wenig,
und das ist nicht genug,
verkrampfen Im-Zufrieden,
doch das ist Selbstbetrug.

Sie halten noch zusammen,
sind heimlich längst geschieden,
verleben sich im Klammen.

Doch es wird stets vermieden,
was auseinander treibt und
schleichend sie zerreibt,
bis sie sich dann ergeben
in solch` ein totes Leben
mit freundlichem Gefratze.

Modernde Beziehungsmuster
Modernde Muster-Beziehung

Lust-
betonter Liebeskampf
Schwänzelnder Beziehungskrampf
Muscheliger Selbstbezug
Geilheitstrunk`ner
steifer Bug

Boogie-
Woogie der Hormone
Jenes ewige Geklone
Vaginaler Lusterregung
In ur-rhythmischer
Bewegung

Und sie leben
Miteinander
Ineinander
Aneinander
Meistens ganz
Modern vorbei

Moderne Ilsebill

Es ging mich eigentlich nichts an,
dass sie ein anderer Kerl beglückte,
der sie anscheinend mehr entzückte,
als ihr lang` angetrauter Mann.

Weil es per Zufall mir so zufiel,
das Unentdeckte zu entdecken,
wurd` ich zum Mitwisser im Spiel,
die Lustgefilde abzustecken.

Sie wollte beides: Materiell
gesichertes Familienleben
und die Affäre, lüstern grell,
im leidenschaftlichen Erbeben.

Als ich sie zur Entscheidung mahnte,
weil auch ihr Mann es scheinbar ahnte,
wie sie sich lüs~tern neu verzahnte,
und so ein Unheil sich anbahnte,
das mir als Mitwissender schwante,
da ließ sie mich in meiner Not ganz
einfach stehen. Jetzt ist sie tot!

Ihr Ehemann hat es gesichtet
und sie und seinen Nebenbuhler
und sich und ihre ganze Familie
mit Todesschüssen hingerichtet.

Moderner Verlauf

Sie sehen sich, bestürzen sich
und fallen in die Lust-Zu-Zweit.
Sie schmecken sich, sie würzen sich:
Die Ur-Präsenz scheint durch die Zeit!

Sie stiften sich den Neuen-Bund
und fallen oft im Bundesstreit.
Sie tun nach außen weiter kund,
wie groß doch die Gemeinsamkeit.

Sie treffen je den wunden Punkt
und fällen stetig ihren Hort.
Im Temperierten eingetunkt,
begehen sie des Bundes Mord.

Sie trennen sich, verrennen sich
in immer neue Lustbarkeiten,
verleben sich, ausbrennen sich
in kürzer werdenden Gezeiten.

Nicht mehr von ihr!

Es fehlte ihm! Er brauchte es!
Doch er bekam es nicht von ihr!

Noch fehlt es ihm! Noch braucht`er es!
Doch will er es nicht mehr von ihr.

Er holt es sich woanders her.
Es fehlt ihm schon! Er braucht es sehr!
Jedoch von ihr will er`s nicht mehr!

Nicht unser
Leben!

**Dein
Leben ist
nicht unser
Leben!
Und
so-
mit
ist es
auch nicht
meins! Auch
wenn Du
meinst,**

**es sei
doch eben
als unser
Leben
eins.**

„Normale Ehe"

Sie
starben anein-
an-
der ab!
Am Ende eint
ihr Doppelgrab!

Normal schei-
ternde
Ehe

Er verletzt sie!
Sie verletzt ihn!
Er verletzt sie!
Sie verletzt ihn!
Er verletzt sie!
Sie verletzt ihn!
Er verlässt sie!

Paradox

Nimmt
er sie in den Arm,
wehrt sie ihn meist schon ab,
manchmal unmittelbar, häufig aber indirekt
durch ihr krampf-haf-tes Be-mü-hen,
ihn ja bloß nicht ab-zu-weh-ren,
um Konflikte zu vermeiden,
die sie paradoxerweise sich
so schärfer konstelliert.

Schon wieder einmal wieder!

Und fanden einfach zueinander
und trafen wuchtig aufeinander
und brachen heftig ineinander
und explodierten miteinander
und rieben sich dann aneinander,
gerieten bald schon widereinander
und gingen wieder auseinander.

Schutz vor abgelebter Ehe

Ach, Du verdorrst in Deiner Ehe!
Ein jeder merkt es Dir doch an,
soweit er es denn merken kann.

Wenn ich Dich so vertrocknet sehe,
möcht` ich Dich tränken mit dem Trank,
der Dich belebt und Dich beschwingt,
Dir neue Lebenskräfte bringt und
Dich erhebt aus jener Kranken-
starre, die Du, wie ich sehe,
um Dich gelegt als Schutz
vor Deiner abgelebten Ehe.

Schwebeweg

Ich möcht` mit Dir zusammen sein,
doch Du hältst Dich noch in der Schwebe.
Als ich nun frage: Also nein? sagst Du:
Warum denn eigentlich nicht?
Als ich entscheide:
Also ja!
klagst Du:
Warum denn?
Eigentlich nicht!

Sich gegen SICH vergehen

Die
Liebe
zwischen ihnen ist erloschen!
Doch weigern sie sich, dieses einzuseh`n.
Noch werden Liebes-
floskeln
gedroschen,
in denen sie sich
gegen S I C H vergeh`n.
Im Grunde ihres Herzens wissen beide:
Die Liebe zwischen ihnen ist gestorben!
Sie vegetieren an der Trennungsscheide
und klammern sich an das, was längst verdorben.
Und meiden weiter, was ihre Stunde schlug!
Und leiden weiter an diesem Selbstbetrug!
Und weiden sich auch manchmal noch
an diesem Spuk!

^{UN}ANGEMESSEN?

In Dir west an ein tiefes Nein
dagegen, auch ein Weib zu sein.
In früher Kindheit schon gespalten,
versuchst Du Dir dies zu erhalten.

Und lebst Dich nur als Neutrum dar.
Bist allen nützlich, Ja^{hr} um Ja^{hr}
und meidest Dich als eine Frau,
verstehst nicht Deinen Ehegau.

Und gibst
dem Partner alle Schuld,
übst weiterhin Dich in Geduld,
bis dann am Ende Deiner Frist
das Ungelⁱebte Dich zerfrisst
in angemessener Krankheit.

Und
bald schon
bricht das Ehe-Siegel

In ihrem Ehe-Gehege
geht jeder seine eigenen Wege.

Noch treffen sie sich manches Mal,
gedenken dumpf, was einst gemeinsam,
betonen stumpf die Ehewahl
und enden doch bald eisig-einsam.

Es schmilzt und reißt das Eis am Riegel.
Und bald schon bricht das Ehe-Siegel!

Unterlegen

Der Mann,
ein Mutterverwöhnter,
ganz herrschaftsverwegen.
Die Frau, eine Mutter-
verwohnte, allen
unterlegen.

Der Herrschaftsverwegene und die Unterlegene:
Er macht sie sich zur Frau und macht sich
ihr zum Mann

Und
macht
sie, macht-
und lustverwegen,
sich völlig unterlegen.

Bis sie in Depression versinkt
und so der Herrschaft gegenstinkt,
ihm ihr geheimes Liedchen singt,
als Pflegefall ihn niederringt
ins Unterlegene.

Verlässt Du Dich?

Ver-
lässt Du Dich
nicht mehr auf mich,
verlässt Du mich,
und so
werd`
ich Dich
auch verlassen.

Versagt

Hat ihr Frausein sich versagt,
weil sie es doch nie gewagt,
dies zu leben - ungefragt.

Denn es hätte sie geplagt,
in Konflikte sie gejagt, mit
der Macht, die`s ihr versagt.

Und so hat sie es vertagt,
ist im Neutrum versackt
und darin arg verzagt.

Hat als Frau sich versagt,
ihre Ehe angenagt,
sich darüber noch beklagt,
dass ihr Mann bei ihr versagt.

Bis auch er, arg verzagt,
im Getrübten versackt,
sich dem Ganzen versagt
und die Ehe abgehakt.

Vom gestört-lastigen Wippen

Was nicht mehr im Gleichgewicht,
droht schon bald umzukippen!
Es vollzieht sich das Gericht
vom ge-stört-las-ti-gen
Wippen.

Wer in einer Ehe sich nur
noch leichtgewichtig einklinkt,
der versetzt ihr einen Stich,
bis sie dann erlahmt und hinkt.

Nicht mehr Schritt halten kann
mit all` dem, was sie besungen,
und was einst in ihr erklungen.

Die Zersetzung hebt nun an:
Singt ihr Lied, den Abgesang,
auf das Ende, auf den Abgang!

Wann bricht es uns entzwei?

Es hat bei uns sich nichts gelöst!
Es hat sich weiter nur verhärtet!

Und, hingenommen, haben wir
es freundelnd überspielt
und fremdelnd abgewehrt,
wenn es uns zu sehr störte.

Wann bricht es uns entzwei?

**Wann
platzt die
Blase der
Verdrän-
gung?**

Wann platzt
die Blase der Verdrängung?
Wann explodiert uns die Vermengung,
die wir aus Scheinrücksicht
nur leben, in dem
wir uns in das ergeben,
was falsche Harmonie vorspiegelt,
die uns Le-ben-di-ges ver-rie-gelt,
und die uns weiter noch hinein treibt
in das, was zunehmend zerreibt,
in atemraubende Verengung
mit ihrer Blase der
Verdrängung?

Weiter gehen

Geht
es so weiter,
geht es nicht weiter!

Und sie geht weiter,
wohin es weiter
geht mit
ihr!

Wann reicht es ihr mit dem Verdruss?

Wenn Deine Frau `nen Fehler macht,
dann wird sie von Dir ausgelacht
mit Häme und Gehässigkeit,
zu der Du fähig und bereit.

Und darin bist Du wirklich gut,
erfreust Dich noch, wenn es ihr weh tut.
Ich würd` sie gerne vor Dir schützen
und auch ihr Selbst-Vertrauen stützen.

Doch sie würd` mich zurückweisen und
Dich als ihren Mann noch preisen,
weil sie Dir ausgeliefert ist
für jenen Rest der Lebensfrist,
den sie mit Dir noch fristen muss.

Zieht sie denn nicht den falschen Schluss?
Wie lange wohl erträgt sie noch
dies eingefahrene Ehejoch?
Wann reicht es ihr
mit dem Ver-
druss?

Welch` ein Ehejoch!

Welch`
ein Ehejoch!
Seinen Run auf Anny
hat ihr Mann, der Manni,
längst bereut, sein Honey
ist sie nicht mehr, Money
kostet sie nur noch!
Welch` ein Ehe-
joch!

Wen sieht er noch in Dir?

Er sieht in Dir jetzt auch nur noch
die Frau, die Du ihm präsentierst:
Den Haushaltsroboter,
das Neutrum, das Nützliche!
Und nicht die Frau, die er einmal
gefreit habt, um mit ihr ein Leben
lang als Mann und Frau zu leben.

Wollüstige Einverleibung

Ausgemergelt in der Mangel
e-he-li-cher Lust-ver-trei-bung,
steht sie vor ihm, wirft die Angel
woll~lüs~ti~ger Einverleibung.

Ihre Augen sprühen Arme,
die ihn zärtlich schon umschlingen.
Und sie betteln: Ach, erbarme Dich!
Lass` uns ineinander schwingen!

Ihr Zunge leckt die Lippen, sehnt
sich schon nach feuchter Wonne.
Ihre Brüste lässt sie wippen.

Und sie lockt ihn aus der Tonne,
die ihm Schutz geboten hat,
denn er ist schon lange
e-he-matt.

Was gewesen – was geschehen

Das Geschehen ist abgeschlossen!
Die Beziehung ist beendet.
Was einst war, ist längst verflossen!
Ihre Sicht hat sich gewendet.

Was geschah, ist ausgestanden,
nur noch Asche ohne Glut.
Doch was war, ist noch vorhanden,
im Gewesenen akut.

Darauf richtet sie den Blick,
schaut nicht ins Geschehen zurück,
sondern auf`s Gewesene,
für sie Auserlesene.

Lässt sich in ihm aufrichten
und nicht am Gescheiterten,
doch längst Ausgeeiterten,
wehleidig sich ausrichten.

Normalnormierende Paarbeziehung

Abstoßen[d]

Nicht
Du bist für mich
abstoßend, sondern Deine
tiefsitzende, sperrige Verbitterung,
die sich oft in Deiner Mimik zeigt
und mich solange abstößt, bis
Du sie endlich abstößt.

Ab- und Zu- Neigung

Von
Zuneigung
zu ab und zu
noch Zuneigung
zu ab und zu
schon
Ab-
nei-
gung
zu an-
dauernder
Abzweigung
in Abneigung.

Ach, so furchtbar nett!

Du bist nett zur mir!
Ich bin nett zu Dir!
Beide sind wir
furchtbar nett
zueinander hier!

Du bist, ach, so nett!
Ich bin, ach, so nett!
Und vor lauter Nettigkeit
klappt es nicht im Bett!

Alternde
Ehe

Ihre Ehe?
Nur noch Krampf!

Freundlich überspielt!

Feindlich unter-
spült!

Auseinandersetzen

Wenn wir uns nicht mit unseren
Problemen auseinandersetzen,
weil wir in ihnen lange schon
geduldig auseinander sitzen,
werden sie uns irgendwann
auseinander setzen.

Austreibung

Unsere Ehe ist zernagt,
baufällig ist unser Streben,
sie zu retten, denn uns plagt
ein noch unbekanntes
Beben,

das aus
einer Tiefe quillt,
unsere Plus-Gestalt austreibt.
Doch wir sind noch nicht gewillt,
uns zu stellen, uns zerreibt

jene Sehnsucht nach dem alten
fest- und wohl-tem-pe-rier-ten
Zustand, den wir ausprobierten.

Jetzt jedoch will sich entfalten,
was Beziehung wirklich trägt,
jetztseits dessen, was zersägt.

Beziehungskiste

Deine
Distanz zu mir

Meine Abstinenz bei Dir

Deine Dissonanz zu mir

Meine Vakanz
in Dir

Das
Ende von
Affäre light

Es
fing schon
mit Verstimmung an,
als sie sich heimlich trafen.
Sie wollte ihn als neuen Mann!
Er wollt` nur mit ihr schlafen!

Sie drängte ihn mit aller
Macht, sich scheiden zu lassen.
Das hat ihn um die Lust gebracht
und hat die Lust ihm umgebracht.
Sie konnte es nicht fassen!
Er musste dabei passen!

Sie trennten
sich dann voller Groll!
Für beide war das Maß jetzt voll!
Und krochen nach dem Fremdgehen
erneut in ihre müden Ehen.

Das mag ich nicht!

Das mag ich nicht! Das mach` ich nicht!
Und dabei bleibt`s! Beruhige Dich!
Du redest von rigider Haltung
bei meiner Art der Selbstgestaltung.

Das mag ich nicht! Drum rat` ich Dir
noch einmal dringlich: Akzeptier`
mich, wie ich bin, sonst lass` ich Dich,
was Du nicht willst, schon bald im Stich.

Das magst Du nicht! Drum nimm es hin,
so wie ich lebe, was ich bin,
auch wenn Dir meine Selbstentfaltung
erscheint wie eine Fremdverwaltung
durch unbewusste Seelenspaltung.

Das Verzagens-Versagens-Muster

Weil Du ganz tief in Dir verzagst
und Dir so vielerlei versagst
in der Befürchtung,
wenn Du`s wagst,
dass Du dabei
doch nur versagst und
im Verzagenden versackst,
versagst Du Dich in Vielem mir
und ich Idiot verzeihe Dir.

Des Herzens Störungshiebe

Wenn
Dein Mann
Dich wirklich liebt,
Dir jedoch nicht Jenes gibt,
was Du brauchst als seine Frau,
braut sich ein Gefühle-Stau
langfristig zusammen und
sabotiert den Ehe - Bund
bis zum nächsten Liebes-Gau.
Es sei denn, Du arrangierst Dich
mit der Lage und verlierst Dich
seiner Liebe zuliebe
im alltäglichen
Getriebe.
Ob Dein Herz
dies aber mitmacht,
ist nicht sicher! Es entfacht
häufig seine Störungshiebe
gegen das, was nicht gelebt,
in den Un~ter~grün~den bebt
und als Schatten sich erhebt.

Die alte Liebe

Und seh` ich Dich, erhebt sie sich,
wenn auch nach Jahren schwer-
fällig, die alte Liebe, ungelebt,
weil sie in Allem quer-ge-strebt.
Sie hätte unseren Kreis gesprengt
und unser Leben aufgemischt,
das Altbewährte jäh bedrängt,
mit Ur-Alt-Neuem
aufgefrischt.
Doch
seh`
ich Dich
erhebt sie sich,
wenn auch nach
Jahren schwerfällig,
die alte Liebe, ungelebt,
die einst in Allem quergestrebt.

Die Krise überwinden

Wir müssen
unsere Krise überwinden,
indem wir uns auf neuer Stufe finden,
und nicht versuchen, sie zu unterbinden,
indem wir ignorant sie unterwinden,
uns einsam leidend mit den
Folgen schinden,
bis wir dabei
verholzen
und entrinden,
am Ende uns nur noch
an Trennung binden und aus
dem Leben des anderen verschwinden.

Die Nähe der Ferne

Im trauten Nahkontakt zu seiner Frau

verging ihm stets die Lust auf sie

und kam erst langsam wieder

in ihrer Ferne.

Doch eigentlich will ich es nicht!

Wenn Du mich küsst, dann
spüre ich bei mir den
inneren Konflikt:
Mal sehen, wie`s wird!
Doch eigentlich will ich es nicht!

Wenn`s mich entzückt,  lass` ich`s geschehen!
Doch eigentlich will ich es nicht!
Wenn es missglückt, bleibt es so stehen.
Denn eigentlich will ich es nicht!

Am Ende siegt stets mein Konflikt.
Doch eigentlich will ich ihn nicht!
In ihm verbiegt   die Liebe sich.
Und eigentlich will ich das nicht!

Echte
Mimik lügt nicht

Trotz aufgesetzter Freundlichkeit
durchschaust Du bald ihr Seelen^kleid:

Ihr untergründiges Grollen!
Ihr obergäriges Schmollen!

Ihr tief Verdrängtes aus der Kindheit
durch ihr gespieltes Frohgesicht!

Denn echte Mimik belügt
uns nicht!

Ehe-Bruch-Heilung?

Ach,
ich glaube, Eure Ehe
heilt nicht mehr nach jenem Bruch.

Was ich, bangend, kommen sehe,
höre ich aus manchem Spruch,
denn Ihr so verlauten lasst.

Merkt Ihr nicht,
was Euch
erfasst?

So
heilt nach
dem Ach und Wehe
selten nur ein Ein(-)Bruch der Ehe.
Ihr erwartet, dass sich bald schon
der je andere endlich ändert.

Während Ihr mit Vorbehalt,
darauf wartend, weiter schlendert
und enttäuscht dem Partner grollt,
wenn`s nicht wird, wie Ihr es wollt!

Eheholpergespann

„Meine
Ehe ist nicht gut!
So bin ich stets auf der Hut!
In der Stellung von Hab` acht
wird sie von mir über-
wacht.

Manchmal
ist sie wirklich schlimm!
Doch mich packt nur kurz ein Grimm!
Und ich stell` mich darauf ein,
zwing` mich zur Zufriedenheit,
überspiel` mein Eheleid,
denn es könnte
schlimmer
sein.

Und
ich tue,
was ich kann
für die stete Weiterfahrt in
meinem Eheholper-
gespann.“

Ehelich geregelte Sexuali- tät

Ma-
gerer karger,
meist beschleunigter,
Wochenabschlußakt,
ausgenommen
jene
monatliche Woche
der besonderen Tage
als Regelaussetzer.

EHE-LEUT - EHE-LEID

Ihr Frauen, Euer Seelenleid hat mich berührt,
die Ihr verlassen worden seid, ganz ungeniert,
von Euren Männern im Stich gelassen
und nun im Riss der Trennung blutet.

Ihr seid mir, ohne es zu ahnen,
Schutzengel, die daran gemahnen,
den Abschied, der mich nun durchglutet,
den Abschied von so manchen engen,
jetzt   ü-ber-leb-ten   E-he-jah-ren
in   Eurem   Lichte   zu   gewahren
und ihn als Heimkehr zu begreifen
in Wirklichkeiten, die mich reifen
lassen hin zum Spiralen-Bund
im offen gelebten Ehe-Rund.

Ihr Frauen, Euer Seelenleid, hat mich
berührt, die Ihr verlassen worden seid,
ganz ungeniert, von Euren Männern.
Ich will auf Eure Botschaft hören
und meinerseits das Eheleid
nicht mitschuldig
vermehren.

(Kurerfahrung)

Ehemannhaltung

Sie hält sich einen Ehemann,
den sie so schön bemuttern kann.
Natürlich auch `mal für den Fun.
Doch darauf kommt`s ihr
nicht so an.

Ehelist statt Ehelust

Man sieht Dir an, dass Dich Dein Mann
schon lange nicht mehr weich geküsst.
Es ist bei Euch wohl nicht mehr dran.
Man sieht Dir an, dass Du`s vermisst,
Du es zugleich jedoch verdrängst
und selber Dich damit verengst,
weil Du, wie Du uns sagst,
so bist. Was ist das
bloß für eine
List?

Man sieht Dir an, dass Dich Dein Mann
schon lang` nicht mehr mit sich beglückt.
Es ist bei Euch wohl nicht mehr dran.
Man sieht Dir an, wie es Dich drückt,
Du es zugleich jedoch verdrängst
und selber Dich damit verengst,
weil Du, wie Du uns sagst,
so bist. Was ist das
bloß für eine
List?

Man sieht Dir an, dass Dich Dein Mann
schon lange nicht mehr wirklich schätzt.
Es ist bei Euch wohl nicht mehr dran.
Man sieht Dir an, wie`s Dich verletzt,
Du es zugleich jedoch verdrängst
und selber Dich damit verengst,
weil Du, wie Du uns sagst,
so bist. Was ist das
bloß für eine
List?

Eheplagen

Alle ein bis zwei Wochen darf er mal „ran"!
Er soll sie, sich steigernd, zum Gipfelpunkt jagen!
Doch sonst soll er Wünsche nach Nähe vertagen.
Sie wehrt ihn brüsk ab, rührt er sie mal an.

Du wirst Dich nun nach den Verhältnissen fragen,
wirst mutmaßen, sie sei nur Aushilfebraut.
Weitgefehlt! Ich rede von Eheplagen
und was sich in ihnen zusammen braut.

Er will nicht mehr nur ihr Beischläfer sein
und sonst nur bekocht, beputzt und bebügelt!
Was einst aneinander so herrlich beflügelt,
muss ungezügelt ins Leben hinein!

Eherner Lust-Gewinn

Den
ehelichen Lustgewinn,
den findest Du nicht nur im Bette.

Suchst Du nur dort ihn weiterhin,
wird Dir die Ehe bald zur Kette,

die Dich an Deine Lüste fesselt,
Dir die Beziehung schnell verdünnt,

bis sie - in Unlust eingekesselt -
Dir vor der Zeit im Frust verrinnt.

Ehe-Sabotage

Er leidet an dem Vorbehalt,
der Deine Liebe zu ihm bremst.
Du pflegst ihn nur im Hinterhalt, wo
Du Dich ihm entgegen stemmst

und Dich intim verweigerst,
wo alte Traumata Dich reißen,
in die Du Dich versteigerst, die
Euch das Herzensband zerbeißen.

Er weiß, er hat auch Mitschuld dran,
er hat Dich manchmal sehr gekränkt,
hat Eure Liebe angesengt, war
dann ein schlechter Ehemann.

Doch haust da noch ein früher
Bann in Dir aus Kindertagen
als sabotierendes Gespann
vor Eurem Ehe - Wagen.

So lange Du den nicht ver-
lässt, wirst Du gefroren bleiben.
Er krallt sich in Dir stärker fest,
wird Deine Liebeskraft zerreiben.

Und wird Dich weiter spalten,
ihn nur zum Teil zu lieben. Dies
will er nicht mehr aushalten,
sonst wird er mit zerrieben.

Es bleibt Euch nur die Eine-Wahl,
den Bann - Fluch zu erhören.
Das wird nicht gehen ohne Qual!
Nur so wird er sich selbst zerstören!

Ehe-Sterben

Eure Ehe stirbt schon lange!

Habt Ihr es noch nicht gemerkt?
Nicht ihr Sterben macht mich bange,
sondern wie Ihr das verbergt,
was getrost Euch sterben soll,
weil es längst schon überlebt ist.

Doch Ihr weicht noch keinen Zoll
ab vom Alten und Ihr klebt
starrsinnig am Immer-selben,
kreuzigt Euch mit Illusionen
und fahrt nur noch auf den Felgen.

Gnadenlos wollt Ihr Euch schonen
vor der Wahrheit, dass die Reifen
neue Luft zum Rollen brauchen,
neuen Druck, um nicht zu schleifen
und um sich nicht aus zu schlauchen.

Eine schwierige Dreierbeziehung

Was sie ihrem Ehemann kaum noch geben wollte,
hätte er von ihrer eigenen Mutter haben können.
Sie war bald schon bereit, ihn sich ihr zu gönnen,
falls er ihrem Lustwunsch auch Beachtung zollte.

Ihre Dringlichkeit ließ ihn nicht immer unberührt.
Und es hätte irgendwann wohl zum Akt geführt,
hätte er, obwohl er sie auch manchmal begehrt,
sich dagegen nicht ganz entschieden gewehrt.

Die Beziehung zu ihr hat er auf Distanz gehalten,
um die eigene Ehe nicht noch mehr zu spalten.
Seine Frau hat sicherlich mancherlei
gespürt.

Doch sie hat, wie
sie`s gelernt, den Mund gehalten
und was ihre Mutter im Schilde geführt,
tief verdrängt, um dabei nicht noch mehr zu erkalten.

Einzig wahrer EHE-STAND

Ich glaub`,
Du stellst die falsche Frage
im Blick auf Deinen Ehemann:

Nicht ob er sich noch ändern kann
im Sinne Deiner Eheklage
ist hier die eigentliche Lage.

Sondern ob Du ihn noch liebst,
ihm noch eine Chance gibst
für den Rest Eurer Tage.

Und ob Du ihn je geliebt,
tief aus Deinem Herzensgrund
und erträgst, was Dich durchsiebt
im jetzt gestörten Ehebund.

So lautet heilsam nur die Frage.
In Dir musst Du die Antwort finden,
um Euere Be-zie-hungs-pla-ge
endgültig nun zu überwinden:

Hin zum   Spi~ra~len-Bunde
in liebender Beziehungs-Runde
mit rundsaniertem Herzensband
im einzig wahren   EHE-STAND.

Es blieb ihr viel erspart!

Sie merkt nur, wie sie wirken will,
nicht aber wie sie wirklich wirkt.
Und merkt nur, was sie merken will,
doch nicht, was sie tatsächlich würgt.

Ihr Mann jedoch, der sanfte Bill,
erspürt, wofür sie sich verbürgt
wenn sie sich vor
SICH-SELBST verbirgt
in dem bemühten Wirkedrill.
Was kann er tun, dass sie gewahrt,
wie sehr sie sich doch selbst verwürgt,
indem sie sich ihr SELBST verwirkt.
Es blieb ihr dann soviel erspart!

Flucht-
antwort auf
Beziehungsanfrage

Und fragt er als ihr Ehemann
die schwankende Beziehung an,
machst sie sich schleunigst aus dem
Staub anstatt mit ihm auf den Weg.

Folgenreiche
Abrich-
tung

An
einer Frau,
die man(n) sehr früh
schon dazu abgerichtet hat,
dem Manne Dienstleister zu werden,
und die sich als Erwachsene weigert,
sich endlich nun als Frau zu erden,
kann sich ein Mann nur ausrichten,
nicht aber mit ihr aufrichten.

Freundeln

Du bist häufig zu ihm freundlich,
arg bemüht und zu gewollt.
Es wirkt meist auf ihn befremdlich
und die Antwort in ihm grollt.

Trotzdem stellt er sich auch freundlich,
denn Du meinst es ja so gut.
Doch er bleibt auf der Hut.
Beides wirkt auf mich befremdlich.

Wann zerbricht Euch solch` ein Freundeln
und kippt um ins freie Feindeln,
ohne Filter, nackt und pur,
als ein Einstand neuer Tour
in ein freundlicheres Leben.

Für mich bin ich nicht gegen Dich

„Entweder unterwirfst Du Dich mir
oder ich erlebe Dich hier
selbstverständlich
gegen mich!"
so hast Du unser
Miteinander jahrelang gestört.

Mein Fragen hast Du mir verwehrt,
mein Klagen hast Du überhört,
und oft hast Du mich nur betört,
wenn ich Dir einmal nahe war.

Ein solcher Umgang ist verkehrt,
ich fühle mich schon fast entehrt,
für Dich bin ich ein Weder-Noch,
ich unterwerfe mich nicht mehr
und bin, trotz meiner Gegenwehr,
noch lange nicht nur gegen Dich.

Ich bin nur gegen Dein Gebaren
und werde mich davor bewahren,
auch um den bitter-süßen Preis,
wenn wir uns nicht noch fassen,
Dich bald schon zu verlassen.

GANZ NORMAL$_{ES}$ EHELOS?

Er lebt für sie nun doch nur noch
als Vater der gezeugten Kinder,
als Haushälter im E-he-joch,
als kompetenter Lösungsfinder
für die Probleme im Gehege,
die funktional zu lösen sind.

Ansonsten geht er seiner Wege
und bleibt für seine Ehe blind.
Sie findet sich, längst resigniert,
jetzt ab mit ihrem E-he-los.

Und lebt, wenn auch gut situiert,
doch weiterhin nur e-he-los
in ihrer ganz normalen Ehe.

Gegen den Kuschelstau

Sie braucht nun endlich einen Mann
für`s Bett, mit dem sie kuscheln kann.
Sie ist zwar noch `ne Ehefrau, doch
steht sie arg im Kuschelstau.

Ihr Ehemann, der ist so herb,
und kuschelt er, ist er nur derb.
Drum sucht sie sich als Kuschelfrau
`nen neuen Mann gegen den Kuschelstau.

gEHEgeLEBEN

Er hat sie
für sich reduziert
auf seine Haushälterin.

Damit hat sie sich arrangiert
und lebt so bei ihm
vor sich hin.

Doch wo bleibt sie als Ehefrau
in diesem tristen Ehegrau,
in dem sie, ehe sie als Frau,
sich selbst lebt im Gehege-Bau
schon resigniert und dieses flaue
Dasein akzeptiert,   den Stau
des Ungel(i)ebten ignoriert
und so ein Eheleben führt,
das der normalen Pflicht
entspricht?

Geschrumpfte Zukunft?

In Deiner Gegenwart geschrumpft,
kaum merklich schleichend abgestumpft,
den Unterleib betäubt entrumpft.
Ist dies nun unsere Zukunft?

Hin zu U N S ?

Dir
begegnet,
D I C H
geschaut!
Eingesegnet!

Doch schon graut
die Verblendung,
jene Wendung
ins Normale,
stets Totale
des Dualen,
Normbanalen,
ohne Ausgang
in den Aufgang
h i n z u U N S !

Ihre Um_{arm}ungen

Ach, sie umarmt nur, um... zu
… um Auf-Wiedersehn zu sagen
… um die Gute-Nacht zu wünschen
… um sich dafür zu bedanken

Doch sie umarmt nicht
einfach so ...
… einfach ohne um... zu
… einfach, einfach nur so!

Ihr Rettungsschirm

Als ihr der Rettungsschirm
ihres so viel älteren Mannes
durch den Tod von ihm zerbrach,
war sie jahrelang untröstlich,
wollte es nicht akzeptieren,
dass ihr Mann sie endgültig
verlassen hatte und sie sehnte
ihn zurück. Doch was sie in
Wahrheit suchte, war der Rettungs-
schirm, den er stets über ihr
schützend ausgebreitet hatte.
Und den musste sie sich nun
selber installieren für den
Rest ihrer Lebensfrist.

Im ganz normalen Eheleben

Ach, würd`
ihr Mann sie doch liebkosen,
dann brauchte sie nicht den Ersatz:
Die Liebe zu so manchen Chosen!
Dann wäre sie der edle Schatz!
Doch hat ihr Mann das längst vergessen,
weil er sie auch nicht mehr begehrt.
Er muss mit anderem sich messen,
womit das Leben ihn
beschwert.

Gemeinsam
einsam ist ihr Streben
im Auseinander nebenher.
Das fällt schon lange
nicht mehr
schwer
im
ganz
normalen
Ehe-Leben.

Im Herzen haust Dein Ehe-Nein

Ach, ich gewahre
jetzt mit Schrecken: Du
hast mich wirklich nie erhört.
Es bleibt mir das Herz fast stecken,
sein Rhythmus schwankt, es ist gestört

vom schleichenden Verdrängen
der längst geahnten Wahrheit,
vom dauernden Verhängen
der nun erreichten Klarheit:

Unsere Ehe ist betrogen,
Ehe-Bruch von Anfang an,
weil Du mich ungewollt belogen:
Du liebst mich nicht als Ehe-Mann!

Denn Deine Liebe ist gefroren.
Im Herzen haust Dein Ehe-Nein!
Nun steht es endlich ausgegoren
vor uns als reiner trüber Wein,

den wir uns bitter einschenken
nach den vergangenen Ehejahren,
um doch noch einmal einzulenken,
was sich so schleichend uns verfahren.

Im unterkühlten Ehenest

Er hat versucht, sich zu bemühen,
in Liebe nochmals zu erglühen
für sie, sein angetrautes Weib,
und ihren an-ge-welk-ten Leib.

Je mehr er sich jedoch bemühte,
dass ihm die Lust nochmal erblühte,
je weniger stand sie ihm stramm.
Ihr schwoll der Hals! Ihm
schwoll der Kamm!

Am Ende sahen beide ein,
dass Liebe sich nicht zwingen lässt
ins schon verkühlte Liebesnest.

Und ließen es ganz einfach sein!
Und lebten unterkühlt den Rest
der Ehe ohne Liebesfest.

Im Patt der Doppelbindung

Ein-
gefleisch-
tes Widerstreben
gegen jede Zärtlichkeit
sabotiert ihr Eheleben
und zersetzt es mit der Zeit.
Und je mehr die Ehe wankt,
desto stärker klammert sie sich
an den Krampf, an dem sie krankt
und beschleunigt die Zerrüttung
durch sich steigernde Vereisung
der Gefühle als die Quittung
eingefleischten Widerstrebens
gegen jede Zärtlichkeit.
Ist sie sonst auch
stets bereit,
sich zu mühn:
Es bleibt vergebens.
So kann Ehe nicht gedeihen.
Aus dem Patt der Doppelbindung
muss sie schleunigst sich befreien.

Intimität als
Hauptmenü der Ehe

Das notwendende
Hauptmenu
der Ehe
ist
Intimität.
Wird die nur
als Desert gereicht,
ist schon ihr Ende ausgesät.
Sie vegetiert als Schrumpfgestalt
noch eine Zeit, bis sie erbleicht
und langsam stirbt und
stumm verhallt.

Jein-gebremst

Wenn es
um Erotik geht
und um Sexualität,
behindert sie, was sie begehrt,
in dem sie es sich selbst verwehrt.
So bietet sie sich ihrem Mann
im stets Zugleich von Ja und Nein
als jeingebremst beim Lieben an.

Kann es nicht und will es nicht!

Sie sagt verzagt: „Ich kann das nicht!
Drum häng` es nicht so hoch ins Licht
und leg` darauf nicht so`n Gewicht!"

Er weiß es ja: Sie kann`s noch nicht!
Doch kritisiert er ihre Sicht von:
Kann es nicht und will es nicht!

In ihr wird sie es niemals lernen!
Drum muss sie sich davon entfernen.
Das könnte sie, doch will sie`s nicht.

So hält sie sich und ihn im Bann.
Dies ist allein das, was sie kann.
Und was sie will, weil es ihr nützt,
und es sie schützt vor jener Vielfalt
des Lebens in der Vollgestalt.

Klage
einer Ehefrau
mittleren Alters

Meines Gatten
Begatter-ich
hat einen
matten
Tatter-
ich!

Keine Zeit für die Liebe

Leider

hat sie

keine

Zeit,

sich

von

ihm

lieben

zu lassen.

Denn sie muss

ihn stets um-

sorgen!

Klage eines Ehemannes

Es tut mir weh, dass Du nicht merkst,
wie sehr Du jenes doch verstärkst,
was Dir Dein Leben arg behindert
und Lebensqualität
Dir
mindert.

Es tut mir weh,
dass Du nicht merkst,
wie sehr Du Dich darin bestärkst,
dass andere Dir Dein Leben mindern,
obwohl Du selbst suchst, es zu hindern.

Es tut mir weh, dass Du nicht merkst,
wie sehr Du selber Dich verzwergst,
in dem Du Dir selbst Beinchen stellst,
und fällst Du, alle Welt verbellst.

Klagelied

Du zwingst Dich
über mich und wehrst
mich ab, entwertest mich,
so muss ich Dich erleiden.

Nur widerwillig ertrag` ich Dich,
und schütze mich mit meiner Abwehr.

Dabei entfernst Du Dich noch mehr,
entziehst Dich mir, wo Du nur kannst
und nötigst mich doch weiterhin
für Dich der Mensch zu sein,
der ich in keinem Falle bin.

Kreuz „normale[r]" Ehe

von

leidenschaft

licher zu LEIDEN

SCHAFFENDER

PARTNER-

SCHAFT!

Langjährige
normale
Ehe

Bei-
einander
leben sie meist
nebeneinander her,
aneinander oft vorbei,
von-ein-an-der getrennt,
innerlich gegeneinander,
während sie so tun als
ob sie miteinander
wären.

Letzte
Chance im
gefrorenen Eheleben

Weil sie in ihrer Alltagstrance
in ganz verschiedenen Filmen leben,
seh`n sie sich oft, als letzte Chance
für ihr gefrorenes Eheleben,
gemeinsam Filme an.

Liebe ist der
Kern der
Ehe

Du hast Dir
eine Frau genommen
in Deinen jungen Jahren. Aus
Mitleid ist sie mitgekommen,
Ihr habt Euch schnell verfahren

in jener unbekannten Landschaft,
in die Euch Eure Ehe führt. Da hilft
kein Ratschlag der Verwandtschaft,
wenn einer es nicht selber spürt:

Die Liebe
ist der Kern der Ehe,
daran geht kein Weg vorbei!
Auch wenn Du Dir mancherlei
Ausflucht suchst, es bleibt dabei:

Die Liebe ist das Licht der Ehe!
Deine Frau hat ein Gesicht!
Liebe sie, dass sie nicht bricht!
Mit ihr hoff ` ich, es geschehe!

Liebemüdes Ehe-Matt

Sie meiden den Intimverkehr
und glauben im Vermeidungsbann
nach einer Weile fest daran:
Sie liebten sich nicht mehr!

In ihrem Ehe-
Einerlei
führt
solch` ein
Glaube nun herbei,
was sie in ihm ergriffen hat:
Ein lie-be-mü-des E-he-Matt!

Und meiden den Intimverkehr!
Und glauben im Vermeidungsbann
noch unerschütterlicher dran!
Und lieben sich nicht mehr!

Liebes^{be}mühen

Dein unerbittliches Bemühen,

in Liebe nochmals zu erblühen,

treibt sie nur an, sich zu entzieh`n!

So wirst Du nicht in ihr erglühen!

Denn Liebe ist stets nur gelieh`n!

Sie lässt sich nicht wie Tee aufbrühen!

Du kannst sie nicht herbei bemühen!

Siehst Du`s noch nicht, sei Dir verzieh`n!

Liebesjoch, noch und noch

Ihre
traurigen Augen
flehen ihn um Beistand an:

Ach, komm sei Du mein Mann!
Du wirst doch noch dazu taugen,
was der meine nicht mehr kann.

Soll es mich
nicht auslaugen
im verstrickten
Ehe-Bann,
brauche
ich das
Liebesjoch,
immer wieder
noch und noch!

Lust-Last

Im
Moment
ist seine Frau
für ihn eine
Lust-Last!

Nicht liebenswert?

„Ich bin
doch nicht
liebenswert!"
Wenn Du mir
dies` Urteil
raubst,
weil Du
meinst
es sei
ver-
kehrt,
und es
deshalb mir
nicht glaubst,
bist Du mei-
ner nicht
wert!

Auch
wenn Du mich
liebst und ehrst und aus
Deiner Liebessicht mich in
dieser nun belehrst, mir mein
Selbsturteil verwehrst, änder`
ich`s natürlich nicht, weil
Du mich so nicht
bekehrst.

Noch hält er an ihr fest!

Noch hält er an ihr fest,

die sie noch daran festhält,

ihm stets in ihrem Festzelt

ein Fest zu bereiten

und alles zu bestreiten

mit ihrem eignen Festgeld.

Das fordert ihre Bestzeit!

Und dann, in ihrer Restzeit,

der knappen, die ihr noch verbleibt,

hat sie für ihn nun keine Zeit.

Warum er sich daran bloß reibt?

Normale Ehe

Nicht

allein, aber

meistens doch

gemeinsam

einsam.

Nur noch ambulant!

Wenn
überhaupt
nochmal ein Mann,
in meinem Alter wär`
das wohl ein Pensionär,
dem ich mich neu
zuwenden
kann,
so nicht
mehr wie bisher
durchgehend stationär.
Das ist mir zu riskant!
Dann nur noch ambulant!

*(Aussage einer Witwe, drei Jahre
nach dem Tod ihres Gatten)*

Nützliches Neutrum

Sie ist für Dich als Frau nur noch
ein Neutrum, ein ganz Nützliches.
Sie ackert unter diesem Joch,
versagt sich manch` Ergötzliches.

Und scheint mit dem, was sie erreicht,
zufrieden, denn mehr will sie nicht.
Von Kindheit an darauf geeicht,
fratzt sie dazu ein Frohgesicht.

In ihrer Seele tief frustriert als
Frau, die SICH nicht akzeptiert,
es sei denn, ihr wird applaudiert,
weil sie ergeben funktioniert.

Problemlösung
in der
Ehe

Die
AUF-LÖSUNG
der Probleme
einer Ehe
ist
die LOS-LÖSUNG von den Problemen
dieser
Ehe.
Ist dies
nicht möglich,
bleibt nur noch
die LOS-LÖSUNG
von dieser Ehe.

Rentnerdasein

Als
er ihr
an diesem Tage
wie zuvor
zum
dritten Mal
ohne jegliche Anfrage
Neues noch besorgen sollte,
was sie dringend haben wollte,
wurd` er grimmig und er grollte ihr:
Ich bin Rentner und kein Renntier!

Schon lang` nicht mehr

Schon lang` nicht mehr hat Dich
Dein Mann voll Leidenschaft geküsst.
Und Du hast es schon lang` nicht mehr
Im-Zwischen-Euch vermisst.

Auch Du hast Deinen Ehemann
schon lang` nicht mehr geküsst.
Für ihn ist es so lang` schon her!
Ob er es noch vermisst?

Todesmatt

Sie
leben ein
stabiles
Patt,
wohltemperiert und meist aalglatt.
Und funktio-
nieren
nur
anstatt
zu leben
im Gefühlebad.

Um öfters mitzudrehen am Rad
als Ausgang aus dem Todesmatt
und Aufgang hin zum Lebenssatt.

Typisch Mann?

Ihn befielen ihre Reize und
er kroch vor ihr zu Kreuze.
Er erflehte: Ach, Du, geize
nicht mit ihnen, sondern reize
mich noch mehr. Ach, und heize
weiter an und dann spreize
mir den Zugang zu Dir.

Und dabei schaut sie ihn an
und begreift, wovon er träumt
und was gerade in ihm schäumt.

Und sie denkt: Typisch Mann!
Dass er es nicht lassen kann,
mich nur wahrzunehmen als
Lustobjekt an seinem Hals,
mich nur derart zu betrachten,
doch als Frau mich nicht zu achten.

Um es
noch tiefer
zu verdrängen!

Was Du verdrängst, dass werde ich
Dir nicht noch einmal aufdrängen.

Stellst Du Dich ihm nicht freiwillig,
wird mein Bemühen Dich nur beengen.

Und Dich erneut dazu verleiten,
den Angriff gegen mich zu reiten,
um es noch tiefer zu verdrängen.

Und
bald schon bricht
das
Ehe-Siegel

In ihrem Ehe-Gehege
geh`n beide ihre eigenen Wege.

Noch treffen sie sich manches Mal,
gedenken dumpf, was einst gemeinsam,
betonen stumpf die Ehewahl und
enden doch bald eisig-
einsam.

Es schmilzt
und reißt das Eis am Riegel.
Und bald schon bricht das Ehe-Siegel!

Und darin
das Glück findest

Im Gehege findest Du
doch nur das Gehegeglück.
Dieses schenkt Dir keine Ruh`,
denn es wirft Dich stets zurück
auf die jeweiligen Grenzen
des Geheges.

Und Du
suchst weiter
das ersehnte Glück
und erleidest Turbulenzen
in all` dem, was Du Dir buchst.

Und es reißt Dich Stück für Stück
weiter weg von dem Ersehnten,
bis Du ganz verzweifelst aufgibst
in all` diesem schon Erwähnten,
Dich nun selber überwindest
und das Leben einfach liebst
und darin das Glück findest.

Unter`m morschen Baum

Sie hocken
unter`m morschen Baum
und feiern ihre Lebensfeste.

Nur manchmal ahnen sie
wie im Traum:

Es wäre wohl für sie das Beste,
den morschen Baum, solang` er steht,
zu stützen und wenn`s nicht mehr geht,
sein kaum noch Schützendes zu meiden,
um seinen Sturz nicht zu erleiden,
wenn dieser jäh erfolgen wird.

Untreue gegen Dich

Dein
Krampf
ist Deine Untreue,
nicht gegen mich, sondern Dich.
Mir bist Du stets noch treu geblieben.

Doch hast Du unter diesem Joch Dich
selber schleichend abgeschrieben
und bist Dir untreu geworden
beim immer wieder Einnorden
auf Deine Schmalspurengen, die
Dich in Deinem Sein bedrängen,
und Dich im Krampf der Untreue
nun gegen Dich einzwängen.

Un-ver-schäm-tes
Fehl-ver-hal-
ten

Sie
kritisiert,
und zwar mit Recht, sein
unverschämtes Fehlverhalten.

Beleidigt greift er an und rächt
sich mit dem Vorwurf, die Kritik
an ihm würd` ihre Ehe spalten,
was er mit seinem Fehlverhalten
schon lang` erreicht.

Doch
auf den Trick,
den er so oft schon angewandt,
fällt sie nun nicht mehr rein, erkannt
hat sie ihn längst und traut sich jetzt,
zu widerstehen, auch wenn er hetzt.

Sie hält ihm stand, wenn auch verätzt
durch seine Art, wie er verletzt.

ᴠᴇʀPATᴢT

Bemüht, sich gegenseitig zu ertragen,
sich möglichst aus dem Weg zu gehen,
verweigern sie es meistens, sich zu fragen:
Wohin führt dies Vermeidungsgeschehen?

Und tauchen doch einmal die Fragen auf,
dann werden sie als harmlos ignoriert.

Und weiter geht`s in diesem Lebenslauf,
bis es in ihm urplötzlich detoniert, im
Nu die Blase der Verdrängung platzt
und ihr So-tun-als-ob ganz ungeniert
und ohne Wenn und Aber verpatzt.

Was sie nicht will!

Nein! Sie sagt nicht, was sie will!
Doch sie zeigt ihm, freundlich still,
dass sie das, was er nun will,
gerade jetzthier doch nicht will.

Nein! Sie sagt nicht, was sie will!
Doch sie zeigt ihm, freundlich still,
dass sie das, was er nun will,
gerade jetzthier doch nicht will.

Nein! Sie sagt nicht, was ...

(Endlosgedicht)

Weil Du Dein Leben anders tanzt?

Sie fordert von

Dir doch nicht mehr als

das, was Du ihr geben kannst.

Sie stellt ganz einfach fest, wie sehr

Dein Aufruhr losbricht, vorgestanzt,

wenn sie beschreibt, was ihr fehlt

in Eurem Miteinander-Leben.

Vielleicht willst

Du es auch nicht geben,

weil es Dich selber nicht beseelt.

Sie fragt Dich nur und schon verschanzt

Du Dich erneut im Auf-ruhr-grol-len!

Kann es denn sein, Du willst nicht wollen,

weil Du Dein Leben anders tanzt?

Zersetzung

Trennen
wir uns miteinander von
Bannendem zur Erneuerung
von zersetzten Banden
oder

trennen
wir uns voneinander
wegen Bannendem und seiner
Zersetzung von Banden
oder

bleiben
wir zusammen im
Bannenden und den zer-
setzten Banden?

Zusammenleben

Je länger ich mit ihm zusammen bin,

je weniger zieht es mich noch zu ihm hin.

Ich brauche immer wieder neue Auszeiten,

um aufzutanken und mich aufzubereiten.

Das ist wie beim Atmen das Ein und Aus.

Das ist wie beim Meer die Ebbe und die Flut.

Nur so kommen wir nicht aus dem Rhythmus raus.

Nur so tut Zusammenleben uns wirklich gut.

Gelingende Paarbeziehung?

**Allein
die Liebe
zählt!**

Allein
die Liebe
zählt,
weil sie nicht zählt und misst
und nur das Eine
wählt,
was sie im
Wesen
ist.

Allein die Liebe zählt in aller Lebensfrist.
Und wenn die sich ins Ende quält,
zuletzt nichts mehr zu machen ist,
gilt unter diesem Sterbejoch,
was immer galt, wenn
nichts mehr galt:

Allein die Liebe zählt!

**Auf Richten
verzich-
ten!**

Auf
Richten
verzichten!

Auf - Richten!
Nicht Richten!

Nicht Aus-Richten!
Nicht Ab-Richten!

Auf Richten
verzichten!

Beziehungsschlachten

Ihr habt versprochen, Euch zu achten
und möglichst oft danach zu trachten.
Und sollte Zwietracht Euch umnachten,
sie möglichst schleunigst zu entmachten,
um nicht noch in Beziehungsschlachten
Euch manches Unheil auch zu pachten,
Euch unnötig zu überfrachten und
die Beziehung so zu schlachten.

Denn liebst Du mich, dann lässt Du Dich

Denn liebst Du mich, dann lässt Du Dich
von einer anderen nicht verleiten!
Auch wenn sie hübsch und jünger ist,
der Busen prall, die Hüften schmal.

Denn liebst Du mich, dann lässt Du Dich
nicht blenden von Vergänglichkeiten.
Du überwindest Deinen Zwist.
Gefühle werden bald schon schal.

Denn liebst Du mich, dann lässt Du Dich
mit mir in andere Zonen gleiten,
gewahrst die uns geschenkte Frist.

Schon kürzer wird die Zahl der Jahre,
in der ich Dich, in der Du mich
noch tiefer lieben lernen darfst.

Das große Los

Ich hab` das große Los gezogen,
als ich mich früh für Dich entschieden.
Es kam ur~plötz~lich angeflogen!
Ich wurde mit Dir neu gewogen.
Ein Ungeahntes ließ mich sieden.
Vom Blitz der Selbst - Entgitterung
wurd` ich im Innersten getroffen,
als ich bei schlechter Witterung
in herbstlicher Verbitterung
Dein WESEN schaute:
licht und offen.
Wir
fanden
zueinander
bald, erkundeten
das neue Land und
schenkten uns den Liebes-
halt in der uns möglichen Gestalt.
Er hielt bis heute für uns stand.

(Für meine Frau)

Die Stufen von Geben und Nehmen

Ich
nehme mir,
was Du mir gibst.
Ich gebe Dir, damit Du gibst.
Ich gebe Dir, weil es Dich gibt
und freue mich, wenn Du es nimmst
und Dich von Herzen darauf einstimmst,
ein solches freilassendes Geben
ganz ohne Wenn und Aber
und auch Um... zu
in Deiner Weise
mit mir zu
leben.

Dornen-
weg der Achtsamkeit

Mein Wunsch: Ihr sollt Euch nicht verlaufen
in Eurem streitbaren Ringen,
sollt` Eure Seelen nicht
verkaufen.
Ihr
sollt`
Euch nicht
vom Weg abbringen,
der Euch noch zueinander führt:

Vom Dornenweg der Achtsamkeit,
dem Eure Zuwendung gebührt. Damit
Ihr bald, trotz Zwist und Streit,
trotz mancherlei Entfremdung,
trotz innerer Zer-ris-sen-heit,
trotz selbstverliebter Blendung,
in die gebroch`ne Zweisamkeit,
wenn auch verletzt, zurückfindet,
im Heilsamen Euch neu verbündet.

Durchkreuzte Versuchung

Die Freundin seiner Frau zu verführen,
kam er zu ihr zum Kücherenovieren.
Und als sich ihm in sexueller Not
dann endlich die Gelegenheit darbot,

sein heißes Begehr`n ihr zu gestehen,
geschah ein Malheur - nicht abzusehen.
Ihr Hund begann den Kuchen zu probieren,
den sie bereitgestellt, mit Kaffee zu servieren.

Ach, ihr Ge~läch~ter löste seine Pein,
durchkreuzte hormonelles Irresein.
So rettete ihr Hund seine Ehe,
damit er in Versuchung nicht vergehe.

Ehe:
Bindung und Bündnis

Wenn sich die Bindung lockert,
sollst Du Dich nicht so schnell
von ihr entbinden.
Du solltest
nun
ein Bündnis wagen,
bis frische Bindung neu
sich finden wird und
Du in ihr ersprießt!

EHE IM-WESEN

Die EHE ist IM-WESEN
präsentisch*, kein Präsenttisch!

Doch als Präsenttisch intendiert
und so eventisch nur geführt
ist sie bald ausgeleiert
und vor der Zeit
verlebt.

Prä-
sentisch nur
wird sie erneuert.

Fair streiten?

Schon fähig und bereit
für einen fairen Streit?
Nun gut, dann lass`
uns streiten und
die Probleme reiten,
bis wir sie zugeritten
und Lösungen erstritten,
die wieder Frieden stiften.

*(*Näheres dazu in "Lasse Los: Präsentosophia-
präsent sein - ein Präsent sein - BoD Norderstedt 2021)*

Eine gefährliche Liebe

Zwischen uns geschah die Liebe,
und wir konnten sie nicht steuern.
Sie ergriff auch unsere Triebe
und begann, uns anzuheuern,
uns in der Geschiebe-Liebe
in Eks-ta-se an-zu-feu-ern.

Doch wir widerstanden ihr!
Ehen hätte sie gesprengt!
Unser liebgewonn`nes Wir
hart ins Abseits abgedrängt.

Und nach der geraumen Zeit,
die sie braucht, sich aufzuheben,
waren wir dann auch bereit,
ihr den Abschied zu geben.

Ge-
meinsam
nur gewinnen

Ach Du spielst die Verliererin,
und ich darf Dein Gewinner sein.
So hältst Du mir Dein Leben hin.
Ich aber fall` nicht mehr drauf rein!

Denn ich gewinne zwar auch gern,
doch nur mir Dir, nicht gegen Dich.
Ich lausche meinem inneren Stern.
Die Botschaft lautet: Degen brich!

Und Friede ziehe endlich ein!
Gemeinsam nur können wir
im Leben die Gewinner
sein!

Heilender Ehestreit

Seine ihr freundlich
zugewandte Ab-we-sen-heit
bringt sie manchmal aus der Ruh`,
reizt sie auf zum Ehestreit.
Und sie provoziert im Zwist
seine Anwesenheit.

Ich habe Glück gehabt mit Dir!

Ich
habe Glück
gehabt mit Dir:
Als ich Dich fand,
mich an Dich band,
da war ich noch sehr jung
und in der Liebe unerfahren,
Ich musste wohl noch lange garen
und gäre noch und Du bist doch
bei mir geblieben.
In all' den
Seiten-
hieben,
die ich Dir
manches Mal
versetzt, bist Du,
wenn auch verletzt, mir
zeitweilig nur ausgewichen.
Und Deine Liebe zu mir ist
bis heute nicht verblichen.
Im Gegenteil: Du hast mich
weiter - wachsen - lassen,
trotz mancher Brüche
in den Trassen des
Miteinanderseins.

(Für meine Frau)

Im Gewahrsam der Jugend

Im
Gewahrsam
meiner Jugend
ein Gewahrsein.

Jetztseits offen
im Getroffen.

Hingehorcht
und ge-
horcht.

Und
es
gut
ange-
troffen

mit jenen,
die bei mir
eingetrof-
fen.

(Für meine Frau
als Dank ans Schicksal)

Mich nicht mehr bannen lassen!

Ich will mich nicht mehr bannen lassen
von jenem Bann, der Dich besetzt.
Ich möchte Dich vielmehr umfassen,
damit Du lässt, was Dich so hetzt.

Der Bann ge-bie-tet Dir jedoch,
Dich zu mir auf Distanz zu halten,
um weiter unter seinem Joch
mit ihm Dein Leben zu gestalten.

Gewahre, was er mit Dir treibt,
wenn Du ihn so gewähren lässt,
wie er Dir die Geschichte schreibt,
indem er schleichend DICH zerreibt,
hältst Du noch weiter an ihm fest.

Ich will mich nicht mehr bannen lassen
von diesem Bann, der Dich besetzt.
Ich möchte Dich vielmehr umfassen,
dass Du ihn lässt, der Dich so hetzt.

Nehmt Ihr Euch an?

Nehmt Ihr Euch an,
wie Ihr grad` seid,
so werdet Ihr Euch
bald schon
leid.

Nehmt IHR-EUCH aber an,
wie IHR-IM-WESEN seid,
dann werdet ihr trotz Krisen
Euch niemals wirklich leid.

Segenswandel

Leben hat auch düstere Seiten!
Meistens jene, die wir gegen-
seitig uns zubereiten. Wenn
wir nicht aus jenem Segen,
der IN-UNS anwest, handeln
und Ver-Wesendes verwandeln
in den Dünger für ein Leben,
das uns allen auf-ge-ge-ben,
falls wir uns nicht vor der Zeit
aufgeben im Sichtenstreit
um ein uns gelingendes
Miteinander.

SICH-NEU entscheiden!

Nach durchlebten Ehequalen
entschied er sich für Neuwahlen
in seiner eigenen langen Ehe.

Er sprach zur Ehe: Bevor ich gehe,
wähl` ich mir eine andere Frau
und teste mit ihr sehr genau,
ob ich noch ehetauglich bin.

Ansonsten hat es keinen Sinn,
in einer Ehe zu versaueren.
Der Ehegeist drückt sein Bedauern
aus, rät ihm zu einer anderen Wahl.

Er soll – trotz seiner Ehequal –
sich für die Ehe neu entscheiden,
ohne S I C H erneut zu meiden.

Urknall der Begegnung

Der

Urknall

unserer Begegnung,

der mir allein SICH offenbarte,

geschah wie eine Einsegnung,

in der DAS-WESEN ich gewahrte

von DIR und MIR und auch

UNS-Beiden.

SICH
WANDELN
IM LAUSCH-
AKTIVEN HANDELN

In
meinem
Lebensübergang
hab` ich zu Dir gefunden.
Im zeitweiligen Überschwang zog
ich so manche Runden um Dich.

Du hast
mich fasziniert,
Gefühle in mir freigelegt!
Auf Dich hab` ich nun projiziert,
was doch in mir sich hat bewegt:

Das Inbild
alles Weiblichen
ist mir in Dir begegnet.
Ich bin mit Dir gesegnet!
Im Angesicht des (B)Leiblichen
soll`n wir uns weiter wandeln
im lauschaktiven Handeln.

Verlockung

Uns fehlte stets der letzte Schwung
zum Übersprung der schützenden Tabus.
Wir drosselten den Schub zum Sprung
ins heißersehnt Verlockende: Ach, tu`s!

Und litten an der Weigerung
zum Übersprung tabu-gesetzter Grenzen
als Schutz vor der Versteigerung
des Stützenden mit allen Konsequenzen.

Und träumen von Vereinigung
im Übersprung ins allerletzte Glück!
Und wissen doch, von dort, da gibt es kein Zurück!

Es brächte neue Peinigung,
den Bruch, den Sprung im einst Versprochenen,
im Übersprung jedoch Gebrochenen.

Wahrheitspein

Was haben wir uns den_n noch zu sagen? Ich
weiß, Du traust Dich solches nicht zu fragen.
Du bist ja fast mit allem schon zufrieden,
werden nur die Anfragen gemieden.

Doch ohne diese kommen wir nicht weiter.
So-tun-als-ob hält fest in Stagnation. Und
was uns schleichend trennt, wird immer breiter.
Und immer dünner wird der unverstellte Ton.

Wir müssen miteinander offen sprechen,
dem Krampf uns stellen, der uns lang` schon bannt.
Und ihm, der glaubt, er sei mit uns verwandt,
mit offenem Visier die Bannung brechen.

Dazu gehört der Mut zum Selber-Sein,
auch wenn sich zeigt, wie sehr wir uns verrannt.
Nur offener Durchgang durch die Wahrheitspein
verspricht ein neues Miteinanderland.

Was gewesen – was geschehen

Das Geschehen ist abgeschlossen!
Die Beziehung ist beendet.
Was einst war, ist längst verflossen!
Ihre Sicht hat sich gewendet.

Was geschah, ist ausgestanden,
nur noch Asche ohne Glut.
Doch was war, ist noch vorhanden,
im Gewesenen akut.

Darauf richtet sie den Blick,
schaut nicht ins Geschehen zurück,
sondern auf`s Gewesene,
für sie Auserlesene.

Lässt sich in ihm aufrichten
und nicht am Gescheiterten,
doch längst Ausgeeiterten,
wehleidig sich ausrichten.

Was mich bei Dir-zu-Mir führt

Was ich an Dir so schätze, ist
Deine Art, Dich mitzufreu'n,
Dich voller Freude auszustreu'n
ins Jetztseits der Beziehungsnetze.

Was ich an Dir so liebe,
ist Deine Weise, mitzuleiden,
die Leidenden auf Trost zu weiden
im mitleidfratzenden Getriebe.

Was ich an Dir bestaune,
ist Deine weise Ur-Distanz
bei aller echten Resonanz,
die Achtung vor dem Zaune,
die jeder braucht, sich zu besteh'n,
um nicht in Freude und im Leid
der anderen sich zu vergeh'n.

(Für meine Frau)

Nachklang

Paar-Krise als Trennungs-Chance

1	2	3
Die Krise überwinden durch Trennung miteinander von Altem-Überlebten	Die Krise überwinden durch Trennung voneinander wegen Altem-Überlebten	Die Krise unterwinden/ unterbinden durch Trennung von sinnvollen Lösungsmöglichkeiten (1+2)
AUS - ZEIT	ZEIT - AUS	AUSBLENDUNG
Krise wird überwunden durch neuentdeckte Gemeinsamkeiten	Krise wird beendet durch Scheidung oder Trennung	Krise wird unterwunden, kurzzeitig unterbunden, mittelfristig aber verschärft

Schau$_d$e$_r$n

Dein wach-präsentes ruhiges Schauen
lässt unerwartet Dich erschauern:
Die Wichtigkeiten ordnen sich
Dir plötzlich überraschend neu.

Ge-wich-tun-gen verändern sich.
Manch` Wichtiges wird abgewichtet,
manch` Unwichtiges aufgerichtet.
Und Grenzen werden ausgegrenzt.

Es fremdelt im Vertrauten.

Verfeindlichtes erscheint als Freund.
Was fester Grund war, sind jetzt Planken.
Und Planken ruhen im festen Grund.
Und Heimliches wird unheimlich.

Es bricht und lässt Dich schaudern.
Und während es noch währt, kippst
Du vom Kopf auf Deine luft`gen Füsse
und kannst nun auf dem Wasser gehen!

Jörg Zink: Lebenskunst der Ehe

Sieben Weisheitsregeln – aufgeschrieben nach 57 Jahren Ehe

Vielleicht ist das Erste, das helfen kann, ein **Gönnen**. Dem anderen eigene Wege gönnen, eigene Zeit, einen eigenen Zeitrhythmus, eigene Entscheidungen, eigene Wünsche. Eigene Freundschaften. Überhaupt ihm gönnen, dass er ein eigener Mensch ist, der sein Leben mit seinen eigenen Augen sieht.

Vielleicht ist es danach ein **Lassen**. Ein freilassender Respekt vor den Gedanken des anderen, die man nicht alle zu wissen braucht. Respekt vor seinen inneren Erfahrungen, die er nicht alle zu erzählen und die man selbst nicht zu wissen braucht. Ein Wissen auch, dass eine Frau und ein Mann kaum etwas gleich empfinden werden. Respekt auch vor dem, das verborgen im anderen geschieht, ohne dass es laut werden muss. Glaubensvorstellungen, die ganz die eigenen bleiben. Und vor allem, niemals verlangen, dass der eine den anderen zu imitieren habe.

Ein Drittes ist wohl das **Dabeibleiben**. Ein Bleiben auch in den Dunkelheiten, die über die Seele des anderen ziehen und die nicht vorschnell weggewischt werden wollen. Gerade das Dunkle braucht Zeit. Ein Bleiben an dem Lager, an dem der andere ein Leiden durchzustehen hat. Aber es dann dem anderen überlassen, zu sagen, was ihm wirklich hilft, und es nicht besser wissen wollen.

Etwas Viertes ist ganz sicher ein **Weitergehen**. Wenn eine Ungeschicklichkeit geschehen ist, ein Versäumen oder Versagen, wenn eine Verletzung zurückbleibt, weitergehen. Noch am selben Abend die Entfremdung oder den Streit beenden. In jede Nacht in Frieden gehen. Wer den Segen genießt, mit einer Frau zu leben, die diese Kunst einer Ehe meisterlich beherrscht, vor dem nächsten Tag alles Störende zurückzulassen, der weiß, wo das Glück zu Hause ist.
Und dann vielleicht sagen: Ich kenne die Stellen in dir, an denen du unsicher bist, darum will ich dort stehen **und dich halten**. Ich sehe deine Fehler, darum will ich dort, wo deine Fehler sind, bei dir sein. Wo solltest du mich nötiger brauchen als dort? Ich weiß, dass du kein

Held bist. Ich sehe dein Misstrauen und deine Sorge, darum will ich dir dort, wo deine Angst ist, beistehen. Und so, wie du wirklich bist, bist du unersetzlich für mich. Diese Liebe ist der Anfang des Friedens.

Ein Fünftes vielleicht: Möglichst nah **nebeneinander gehen**, aber **einander nicht analysieren**. So nah kann niemand einem anderen sein, dass er wissen könnte, wer der andere in einem letzten Sinn eigentlich sei. Die Augenblicke abwarten, in denen sich plötzlich oder allmählich etwas vom anderen offenbart. Und so allmählich ein Bild von der inneren Welt, in der der andere lebt, gewinnen.

Ein Sechstes ist ein **langsames, behutsames Annähern**. Ein Vertrautwerden mit der inneren Landschaft des anderen. Das eine oder andere in die eigene Landschaft herübernehmen. Dann mehr. Nicht mit dem Ziel, es müsste sich eine völlige Übereinstimmung der Überzeugungen und Empfindungen des einen mit dem anderen einstellen. Aber so, dass Gedanken und Bilder in der Seele des einen und des anderen einander ähnlicher werden. Das gilt auch von religiösen Vorstellungen. Sie werden nie gleich werden können, aber einander ähnlicher. Am Ende werden beide sich unter dem Ziel ihres gemeinsamen Wanderns - fast - das Gleiche vorstellen können.

Ein Letztes noch: Es keinen Tag selbstverständlich finden, dass uns dieser Partner auf unserem Weg mitgegeben ist.
Jeden Tag seine Nähe als gnadenhaftes Geschenk empfinden. Zum Geschenk aber stimmt eine lebenslange Dankbarkeit.
Was soll ich noch andeuten? Vielleicht dies, dass diese sieben Regeln alle ihren alltäglichen Ort im gemeinsamen Leben haben wie auch in der spirituellen Tiefe. Im Rausch des Glücks ebenso wie in der »dunklen Nacht der Seele«, von der die Mystiker wissen und die jeder kennt, der dem Leben in seiner Abgründigkeit zusieht. Mit dem anderen zusammen in die Abgründe schauen. Mit dem anderen sich ausdenken, was über unser kurzes Menschenleben hinaus liegt. Offen lassen, ob die Ewigkeit eine neue Gemeinsamkeit stiftet oder ob der andere nur im Gedächtnis der Ewigkeit weiter mit einem gehen wird. Offen lassen, was nicht festgelegt oder fest gedacht zu werden braucht. **Und vertrauen, dass alles gut sein wird.**

(In: Jörg Zink: Ufergedanken, Gütersloh 2007, S. 138 - 141)

Bisher in der Reihe Edition LOS erschienen

(Leseproben bei Google Books und BoD. Einige Hörproben auf meinem YouTube-Kanal „ Wisdom for future" unter dem jeweiligen Titel)

Band 1: Lasse Los: Im Staunen bin ich frei gesetzt Gedichte, Lieder, Texte, BoD Norderstedt 2016, 96 Seiten

ISBN: 978-3-7392-2180-9

„Manchmal trifft mich ein Gewahren und ich lausche, staune, schaue!
Und es bricht ein Dank mir an! Und ergießt sich, und ich trinke viel zu hastig,
und es fasst mich ein Gebaren, alles zu ergreifen, zu bewahren.
Schon erlischt mir lichtendes Gewahren! Und ich warte und bereue,
doch ich zehre von dem zarten Augenblick, der trotz meiner Gier mich kürt."
(Hörproben auf YouTube)

Band 2: Lasse Los: Verwunde(r)t - Heilsames Misslingen - Testlauf in der Kunst des Scheiterns, Gedichte und Briefe, BoD Norderstedt 2016, 152 Seiten   *ISBN: 978-3-7392-2997-3*

„Verwunde(r)t" beschreibt in Gedichten und Briefen einen Testlauf in der Kunst des Scheiterns: Das heilsame Misslingen einer Beziehung. Als Gedichtband ist es ein dichterisches Protokoll kurlichtiger Umrundung, kurschattiger Verwund(er)ung, spurwichtiger Erkundung
in durchl(i)ebt, durchlittener, neu geschenkter Stundung.

Band 3: Lasse Los: R-AUSGEFLOGEN Ein bunter Abgesang auf (s)einen Kreuzweg in und aus real existierender Kirche! Texte, Gedichte und Briefe - BoD Norderstedt 2016, 132 Seiten
ISBN: 978-3-7392-4493-8

„Als Täter der kritischen Explikation so manch` einer strittigen Implikation war ich Opfer verborgener Inquisition in einer verbogenen Institution."

Wenn einer tönt, er sei ein Christ, dann prüfe ihn, ob er es ist,
und lausche hin, wie er so klingt, wenn er nicht seine Tönung singt!

Band 4: Lasse Los: Seid ihr noch zu retten - Music-Texti-vals
Texte, Liedtexte und Gedichte, BoD Norderstedt 2016, 132 Seiten
ISBN: 978-3-7392-4290-3   **(Hörproben auf YouTube)**

An die Nachgeborenen

Ihr, die Ihr nachgeboren seid, Ihr werdet es uns kaum verzeihen,
dass wir in Giervergorenheit uns ausgelebt mit Wuchereien.
Dem Kahlfraß-Wohlstands-Wucher-Wahn, dem wir erbarmungslos uns weihten,
verdankt Ihr Eure Leidensbahn. Wir lebten noch in fetten Zeiten!
Ihr müsst die mageren Euch teilen, die wir für Euch heraufbeschwor`n,
als wir in Kahl-Fraß-Gier vergor`n. Welch` Schicksal wird Euch wohl ereilen?
Ich wünschte, jene hätten Recht, die glauben, dass die Menschenwelt
im ö-ko-lo-gi-schen Ge-fecht, das Euch den Horizont verstellt, zu retten sei!
Um welchen Preis? Prognosen alarmier`n schon lange!
Hör` ich auf sie, wird mir so bange!
Ich protestier`, auch wenn ich weiß, dass ich nicht viel erreichen kann.
Ich wehr` ihn ab, den Wucherbann und  leb` schon ökologischer.

(In: Lasse Los ...da muss doch noch LEBEN ins Leben rein! Liederbuch
BoD Norderstedt 2017)

Band 5: Lasse Los: Den Umkehr-Blick wagen!
Wort-Bilder und Gedichte
Farbige Wort-Bilder, paarweise mit Gedichten „garniert"
BoD Norderstedt 2016, 148 Seiten   ISBN: 978-3-7412-2544-4

(Hörproben auf YouTube)

Im schöpferischen Prozess meiner spielerisch vertiefenden Arbeit mit Worten, Sätzen und Reimen entstanden im Laufe der Zeit auch etliche Wort-Bilder, von denen ich hier eine Auswahl präsentiere.
Die Anordnung folgt keiner Systematik, sondern dem Alphabet. Neben jedem Wort-Bild erscheint ein Gedicht oder eine Erläuterung zum weiteren meditativen Innehalten.

Band 6: Lasse Los: ... dennoch J A zum Leben sagen! Musik-Text-Collagen
BoD Norderstedt 2016, 100 Seiten   ISBN: 978-3-7412-7074-1

(Hörproben auf YouTube)

In "...dennoch JA zum Leben sagen!" präsentiere ich eigene Musik-Text-Collagen zu bewegenden Schicksalsbüchern. Drei tragische Schicksale von Gesine Wagner, Etty Hillesum und Martin Gray kommen mit ihrem Ringen um ein tragiktragendes Vertrauen und einen Lebenssinn trotz alledem in Texten und Liedern zur Sprache und zu Gehör.

Band 7: Lasse Los: Der GEIST weh(r)t (sich), wo er will!
Kirchenkritisches
Gedichte, Wortbilder und Texte
BoD Norderstedt 2017, 172 Seiten   ISBN: 978-3-7448-3360-8

In "Der GEIST weh(r)t (sich), wo er will!" präsentiere ich nach 25jähriger kirchlicher Mitarbeit meine grundsätzliche Kirchen- und Konfessionskritik in Gedichten, Wort-Bildern und Texten, wie ich sie schon in "R-AUSGE-FLOGEN" (Band 3) gestartet habe.

DIE KIRCHE STIRBT

STOPP- die KIRCHE stirbt- **STOPP-** und in ihr wirbt- **STOPP-** ein alterndes geglaube um sein gnadenbrot- **STOPP-** hab` mitleid mit der armen- **STOPP-**und misch in das erbarmen- **STOPP-** die zuversicht, wenn altes bricht -**STOPP-** erhebt sich bald schon wieder neu - **STOPP:**
LEBENDIGES!

Lasse Los

Band 8: Lasse Los:
Präsentosophia – präsent sein – ein Präsent sein Wort-Bilder Texte -
Gedichte - BoD Norderstedt 2021, 151 Seiten
ISBN: 978-3-7543-5664-7

*"Auf meiner Suchwanderung zu dem, worum es im Leben eigentlich geht, habe ich viele Wege ausprobiert. Manche entlarvten sich als Sackgassen, andere erwiesen sich als Irrwege, und einige wenige entpuppten sich als Einwege. Eine existentialistische Wende in der Jugend, neomarxistisch getönt, eine spirituelle im jungen Erwachsenenalter wurden nach langjährigem intensiven Ringen in einer Nullpunkt-Widerfahrnis gekrönt durch die **Präsentische Wende.** In einer jähen intuitiven Gewahrens-Offenbarung eröffnete sich mir die **Präsentosophia** mit ihrem Kernmantra **„präsent sein - ein Präsent sein"** in Kurzformel: **Präsent(-)sein.** Damit hatte ich endlich gefunden, wonach ich immer gesucht habe: Die Transformation von Existentialität, Sozialität und Spiritualität in die **Präsentalität.** In diesem Band lege ich darüber in Gedichten, Texten und Wort-Bildern Rechenschaft ab."*

Band 9: Lasse Los: Jetztseits leben Gedichte und Texte
BoD Norderstedt 2020, 112 Seiten *ISBN: 978-3-7448-3360-8*

„Jetztseits" ist ein Wort, dass die Schriftstellerin Luise Rinser in einem Brief an den Theologen Karl Rahner kreiert hat. „Ganz entspannt im Hier-und-Jetzt" hieß es seit den 70er Jahren bei Osho, dem indischen Guru, und seiner Bewegung. Das hat die Werbung heute geschickt aufgegriffen, um mögliche Konsumenten für ihre umworbenen Produkte zu gewinnen. Mit „Jetztseits leben" ist aber viel mehr gemeint: Ein gutes sinnvolles gelingende Leben aus der Kraft der GEGENWART! Es ist das Thema aller meiner Bücher, jeweils mit unterschiedlichen Schwerpunkten und verschiedenen Titeln. In diesem Gedichtband entfalte ich es im Dreierschritt: Jetztseits im Erleben Jetztseits im Leben - Jetztseits im Leiden.

Band 10: Lasse Los ...da muss doch noch LEBEN ins Leben rein!
Liederbuch
71 Lieder mit Noten und Akkordsymbolen aus drei Jahrzehnten BoD
Norderstedt 2017, 154 Seiten *ISBN: 978-3-7460-2901-6*
(Hörproben auf YouTube)

„In meiner langjährigen soziokulturellen Arbeit mit Jugendlichen und Erwachsenen war meine Musikarbeit ein bedeutsamer Schwerpunkt. (Siehe Übersicht in "Lasse Los: R-Ausgeflogen") Neben Music-Textivals mit tiefen- ökologischen und spirituellen Gleichnissen (Siehe "Lasse Los: Seid Ihr noch zu retten?") schrieb und komponierte ich Musik-Text-Collagen zu bewegenden Schicksalsbüchern (Siehe "Lasse Los: ...dennoch JA zum Leben sagen!") die ich mit den Bands PAXOPHON und VETOREX und dem Gesangsensemble SALVATON einstudierte. In verschiedenen Kirchen, in Gemeindehäusern, in Kulturzentren, bei Eine-Welt-Tagen, auf Rügenfreizeit-Tourneen und während der Deutschen Evangelischen Kirchentage brachte ich sie mit Erfolg zur Aufführung. Daneben schrieb und komponierte ich weitere Lieder zu Überlebensfragen und Fragen über das Leben. Die mir noch wichtigen präsentiere ich hier mit den Liedern aus den Music-Textvals und den Musik-Text-Collagen."

Band 11: Lasse Los: UMKEHREN oder UMKOMMEN? Gedichte
und Lieder zur ökologischen Weltlage
BoD Norderstedt 2020,132 Seiten *ISBN: 978-3-7504-3293-2*

„UMKEHREN oder UMKOMMEN?
Entsorgt den Wohlstandswucherwahn! Es kostest sonst die Welt!" umkreist mit Gedichten und Liedern die aktuelle weltweite ökologische Krisenlage und einen Wandlungsweg aus ihr in einem Dreierschritt:
A. Was der Fall ist - Fallstricke gefallen
B. Was der Fall sein könnte - Fallstricke fallen
C. Auf alle Fälle ein neuer Fall - Das LEBEN im Leben"

Band 12: Lasse Los: Worum geht es eigentlich?
Gleichnisgedichte, farbige Wort-Bilder und Gedichte
BoD Norderstedt 2020,144 Seiten *ISBN: 978-3-7504-1384-9*

„Im Ringen um ein gutes gelingendes Leben drängte sich mir immer wieder die Frage auf: >>Worum geht es eigentlich?<< Als Antworten beglückten mich oft gleichnishafte Einfälle, die ich manchmal reimend verdichtete. Diese Gleichnisgedichte künden von einem LEBEN im Leben, das es zu verstehen und ins eigene Leben umzusetzen gilt. Darin übe ich mich nun schon seit Jahrzehnten. Dabei klaren mich auch meine gefundenen Gleichnisse auf."

Band 13: Lasse Los: Aufgang im Untergang
LEBEN im Leben, im Sterben, im TOD? UND NUN? Gedichte, Wort-Bilder, Texte
BoD Norderstedt 2020, 144 Seiten   *ISBN: 978-3-7494-9652-5*

„Nach deutender Beurteilung empirischer Befunde tendiert man heutzutage mehrheitlich zur Auffassung, der Tod sei stets ein Untergang und nicht vielmehr ein Aufgang ins „jenseitige Leben". Nach nüchterner Prüfung empirischer Befunde tendiere ich zur Auffassung, der Tod sei nicht ein Untergang, er sei vielmehr ein Auf-Gang ins pure LEBEN, das manches Mal das Leben durchlichtet. Mit Gedichten, Wort-Bildern und Texten umkreise ich dieses gewaltige Thema."

Band 14: Lasse Los: Stillende Stille - Still werden - In Stille sein - Gestillt sein - Stillend sein   Gedichte und farbige Wortbilder -
BoD Norderstedt 2020, 112 Seiten   *ISBN: 978-3-7519-0276-2*

„In diesem Gedichtband geht es um die heilende Kraft der Stille im Rhythmus des Viertakters: Still werden - In Stille sein - Gestillt sein - Stillend sein. Die ersten drei Takte führen tief hinein in die Stille. Im vierten Takt öffnet sich der in Stille Gestillte der Mitwelt und ihren vielfältigen Herausforderungen mit stillenden Lösungen."

Band 15: Lasse Los: Nichts als Worte! ???
Wort-Bild-Galerie - schwarz-weiße und farbige Wort-Bilder BoD Norderstedt 2020, 132 Seiten   *ISBN: 978-3-7504-9798-6*

„In diesem Band präsentiere ich ausschließlich Wort-Bilder als Wort-Bild-Galerie. Sie dienen einem meditativen Innehalten, in dem sie ihre Botschaft tiefer entfalten können. Jedes Wort-Bild steht auf je einer Doppelseite für sich und kann so noch mehr zum meditativen Gewahren und Wirkenlassen beitragen."

Band 16: Lasse Los: Kurz und wendig
Aphorismen und Kurzgedichte - BoD Norderstedt 2020, 152 Seiten *ISBN: 978-3-7519-4908-8*

„In >kurz und wendig< präsentiere ich Aphorismen und Kurz-gedichte, die sich mir in den Jahren meiner dichterischen Arbeit „nahelegten". Ich habe sie nicht thematisch sondern alphabetisch angeordnet. So lassen sich gesuchte Stichworte schneller finden. Die alphabetisch bedingten thematischen Sprünge im Ablauf der Texte können als Nebeneffekt ein kurz-und-wendiges kreatives Nachdenken und ein meditatives Innehalten auslösen. Das gibt dem Ganzen noch eine zusätzliche Würze."

Band 17: Lasse Los: EIS-Zeit – EYES-Zeit – eYES-Zeit Gedichte
und Lieder BoD Norderstedt 2020, 124 Seiten *ISBN: 978-3-7519-4908-8*
(Hörproben auf YouTube)
„Im Rahmen meiner Jugendkulturarbeit organisierte ich mit Jugendlichen und jungen Erwachsenen der Projektgruppe KuMuLi (Forum für Kunst, Musik und Literatur) zweimal jährlich Jugendkulturtage, jeweils unter einem kreativen Motto. Es fanden neben anderen interaktiven Angeboten Kunstausstellungen jugendlicher KünstlerINNEN, Musikdarbietungen jugendlicher Bands und Lesungen jugendlicher SchriftstellerINNEN und DicherINNEN statt.
Bei den Jugendkulturtagen im Oktober 1999 unter dem ausgefallenen Motto „EYES-Zeit" bot auch ich eine Lesung meiner Gedichte, Aphorismen und Lieder zur Thematik als >A B C der EYES-Zeit< mit dem Titel: >EIS-Zeit - EYES-Zeit – eYES-Zeit< an. Da sie eine zeitlose ist, präsentiere ich in diesem Band eine überarbeitete und leicht erweiterte Fassung."

Band 18: Lasse Los: Oh Jesses! Dieser Jesus! Annäherungen
Gedichte, Texte, Wortbilder
BoD Norderstedt 2021, 144 Seiten   *ISBN: 978-3-7526-8488-9*

„In diesem Band präsentiere ich in Gedichten, Wort-Bildern, eigenen Texten und ausgewählten Zitaten einen bunten Strauß der Ergebnisse meiner fast 50jährigen Annäherung an die Jesus-Gestalt und ihre gewandelten Auswirkungen auf mein Denken und Erleben. Dabei greife ich auch auf einige Texte und Gedichte aus meinen früheren thematisch verwandten Büchern zurück: „R-Ausgeflogen" und „Der GEIST weh(r)t (sich), wo er will!" Die Gedichte, Texte und Zitate sind unter den jeweiligen Schwerpunkten alphabetisch oder auch bunt angeordnet. Die dadurch bedingten thematischen Sprünge können beim Mit-und-Nachdenken ein meditatives Innehalten auslösen. Das gibt dem Ganzen seine eigene Würze."

Band 19: Lasse Los: Kreuz-Plus-Symbol-Imagination
Text-Bild-Collage, BoD Norderstedt 2021. 168 Seiten
ISBN: 978-3-7534-8249-1

„Das älteste der Symbole der Menschheit, das in allen Kulturen und Religionen aufscheint und das in wechselnder Dichte und Gestaltung als die Grundaussage erfahren wurde und noch erfahren wird, ist das Kreuz." (Alfons ROSENBERG, Symbolforscher)
Die Imagination des Kreuzsymbols als Ur-Symbol der Ganzheit und des Menschen eröffnet Wege zum ganzen Menschen in wahrer SELBST-Entfaltung. Mit der Entdeckung des Kreuzsymbols als Ur-Symbol entfaltete ich sowohl in fortlaufenden Gruppen als auch in mehrtägigen Seminaren eine fruchtbare Imaginationsarbeit, die hier dargestellt wird.

Band 20: Lasse Los: Es menschelt! Aber Hallo!
Lars-Locker-Gedichte - BoD Norderstedt 2021,124 Seiten
ISBN: 978-3-7543-4936-6

"Nachdem ich mich in den vorhergehenden neunzehn Bänden ernst-haft und ausgiebig mit unterschiedlichsten Lebensfragen befasst habe, breite ich in diesem Band humorvolle bis schlüpfrige Texte aus, die sich beim Erdichten kopf- und herzbetonter Kreationen als Unterleibs-zentrierte meines Schattenbruders Lars Locker dazwischen geschli-chen haben. Hier finden sie ihren angemessenen Ort als Lars-Locker-Gedichte. Die Anordnung ist nicht thematisch sondern alphabetisch orientiert."

Band 21: Lasse Los: ERLAUsCHTES   Gedichte, Lieder, Wortbilder -
BoD Norderstedt 2022, 116 Seiten -
ISBN: 978-3-7557-1040-0
"Wer Gedichte schreibt, Liedtexte entwirft und Wortbilder komponiert, macht die Erfahrung, dass die Entfaltung einer zündenden Idee als Gedicht, Liedtext oder Wortbild häufiger stockt und zum Innehalten und Lauschen auffordert. Und wer nicht krampfhaft versucht, weiter zu konstruieren, sondern sich Zeit lässt zum Gewahren, wird häufig überraschend mit ERLAUsCHTEM beschenkt. Früher sprach man bei diesem Widerfahrnis vom Musenkuss. So ist es mir beim Dichten, Schreiben und Entwerfen auch oft ergangen. In diesem Gedichtband präsentiere ich eine Auswahl des Erlauschten in alphabetischer Reihenfolge. In all` meinen anderen Gedichtbänden findet sich ebenfalls Erlauschtes."

Band 22: Lasse Los: ICH BIN DAnk!

Gedichte, Texte, Wortbilder - 124 Seiten - BoD Norderstedt 2022
ISBN: *978-3-7562-0225-6*

In "ICH BIN DAnk" umkreise ich mit Gedichten, Texten und Wortbildern in unterschiedlichen Facetten das Zugleich von DA-sein, präsent sein und Achtsamkeit mit der Dankbarkeit.

Schon in meinen Werk "Band 8: Lasse Los: Präsentosophia - präsent sein - ein Präsent sein" klang dieser Zusammenhang in vielfältiger Weise an.   In meinen Seminaren zu diesem Thema haben sich manche TeilnehmerINNEN den Titel "ICH BIN DAnk" als Logo auf ihre T-Shirts gemalt und damit manches interessante Gespräch ausgelöst.

Band 23: Lasse Los: Und bist Du nicht willig, so brauch`ich GEDULD! o d e r Aus dem MACHERWAHN auf die Warterbahn

Gedichte und Lieder - 120 Seiten - BoD Norderstedt 2022

ISBN: *978-3-7568-3729-8*

Wir leben in einer vom Untergang bedrohten Zeit. Damit uns der Übergang in eine bewahrende,nachhaltige Zukunft gelingt, benötigen wir eine transformative Umkehr in Weltanschauung, Menschenbild und Lebensstil. Die Machermentalität beherrscht die moderne Zivilisation - eher Zuvielisation - und zersetzt mit ihrer Herrschaftsgier ihrer Mehr-Noch-Mehr-Sucht, ihrer Beschleunigungsideologie und ihrem Macherwahn unsere not-wendigen Lebensgrundlagen. Ein Ausweg bietet sich in der Wartermentalität an, im Sinne eines Zugleich von: Die Dinge warten und abwarten, wie sie sich heilsam entwickeln. In meinen bisherigen Werken habe ich sie in etlichen unter verschiedenen Perspektiven umkreist. Hier nun entfalte ich sie facettenreich in Gedichten und Liedern als Warterbahn in Abgrenzung zum Macherwahn. Zum meditativen Innehalten und Wirkenlassen war es sinnvoll, die Texte nicht systematisch sondern alphabetisch anzuordnen, wie es sich in manchen meiner anderen Werke bewährt hat.

Band 24: Lasse Los: Es winken noch ganz andere Weiten - o d e r Befreidendes GEWAHRSEIN im alltäglichen Gewahrsam

Gedichte - Wortbilder - Lieder - 148 Seiten - BoD Norderstedt 2022

ISBN: *978-3-7568-0944-8*

KEINFACHES GEWAHREN

Das Denken hat sich ausgedacht!
Das Offenbaren ebbt ins Ende!
In dieser größten Zeitenwende
erscheint uns in rastloser Nacht
in aller Rettungslosigkeit
das keinfache Gewahren,
das Alles uns aufklaren
kann, wenn wir dazu
bereit uns finden,
Abschied nehmen
vom Bisher, stille
werden Mehr+Mehr, uns
im Jetztseits wiederfinden,
im Gewahren uns entbinden von
überholter Glaubenslehre, uns mit
offeneren Rinden neu wappnen gegen
unsere Kehre ins endgültige Verschwinden.

Lasse Los

Auswahl aus meinem YouTube-Kanal
"WISDOM FOR FUTURE"

Music-Textivals, Musik-Text-Collagen, Lieder zur Lage, Hörproben von Gedichtbänden in Auszügen mit QR-Code für Youtube-Upload

„Seid ihr noch zu retten?" ist ein hochaktuelles ökologisches Gleichnis zur Krisenlage unseres schönen blauen Planeten als *„Music-Textival"*. Texte im gleichnamigen Buch: Lasse Los: Seid Ihr noch zu retten?" Lieder im Liederbuch: „Lasse Los ... da muss doch noch LEBEN ins Leben rein!"

„Umkehr-Kur(s)" ist als **Music-Textival** die Wandlungsgeschichte einer Frau, die nach einer tiefen Krise ihr Leben radikal ändert und nun umweltschonend, nachhaltig und achtsam für ihre Mitwelt weiter lebt und sich aktiv für die Bewahrung der bedrohten Lebensgrundlagen engagiert.

In *„Bevor es zu spät! - Lieder zur Lage"* präsentiere ich die wichtigsten **Songs aus den verschiedenen Music-Textivals** in einer sinnvollen Reihenfolge. Die Lieder findet man mit Noten und Akkordsymbolen in meinem Liederbuch „Lasse Los ... da muss doch noch LEBEN ins Leben rein!"

"EIS-Zeit - EYES-Zeit - eYES-Zeit." Ausgewählte **Lesung** meiner **Gedichte und Aphorismen mit Musik und Liedern** zur Thematik. Die volle Fassung liegt in meinem Gedichtband mit dem gleichlautenden Titel: *"Lasse Los - EIS-Zeit - EYES-Zeit - eYES-Zeit."*

Pfingsten 1983 besucht **Gesine Wagner** aus Detmold mit ihrer Großmutter ihren Onkel Martin Jürges und seine Familie in Frankfurt.  Bei einer gemeinsamen Fahrt in den Odenwald wird das Auto von einem abstürzenden **Starfighter**, der bei einer **Flugshow** mitgeflogen ist, getroffen. Alle Insassen verbrennen im Auto - bis auf Gesine, die schwer verletzt überlebt und **nach 81 Tagen im Krankenhaus stirbt.** Ihre Eltern geben nach ihrem Tod ein Buch über ihr Leben, Leiden und Sterben unter dem Titel: **„Gesine Wagner: Im Feuer ist mein Leben verbrannt"** heraus. Als ich Ende der 80er Jahre das Buch kennenlernte, war ich so davon berührt, dass ich diese musikalische Besinnung schrieb, komponierte, mit der Band und dem Gesangsensemble PAXOPHON einstudierte und vielfach aufgeführte. Die digitalisierte Live-Aufnahme der Premiere von 1990 stelle ich hier zum Anhören und zur Diskussion vor.

Musik-Text-Collage: "Martin Gray: Der Schrei nach Leben" aus "Lasse Los ... **dennoch Ja zum Leben sagen".**  In Texten, Musik und Liedern bietet sie Annäherungen an die Geschichte und die Einsichten von Martin Gray, einem Mann, der die Unmenschlichkeit besiegte, weil er an die Menschlichkeit glaubte.

„In allen Farben singen" - **Music-Textival** ist ein **Spektralfarbengleichnis** mit der Frage nach  der EINEN WAHRHEIT und den vielen Wahrheitsbehauptungen. Texte in "Lasse Los: Seid Ihr noch zu retten?" Lieder mit Noten und Akkordsymbolen im Liederbuch: „Lasse Los ... da muss doch noch LEBEN ins Leben rein!"

"Als ich das bess`re Leben suchte, ... da träumte mir von GOtt!" - **Music-Textival** mit einem meiner  wichtigsten KERN-Träume, einen "Gottestraum". Geträumt in einer Wandlungskrise vor etwa 40 Jahren, die mein Leben zutiefst beeinflusst und in eine sinnvolle Richtung gelenkt hat.
Ein "GOTTES-Traum" ist ein „Gottes-TRAUM", also ein träumendes Symbolgeschehen in der Tiefenpsyche - nach C. G. JUNG ein Traum aus der SELBST-Sphäre. Er sagt etwas darüber aus, wie die PSYCHE empirisch überprüfbar von Gott in Symbolen spricht, nicht mehr und nicht weniger. Den Text findet man in meinem Band "Lasse Los - Seid Ihr noch zu retten?" neben den Texten anderer Music-Textivals.

 *"Zurück ins Glück!"* oder *"Wege aus dem Glücksinfarkt"* ist ein Gleichnis als **Music-Textival** über verschiedene Wege des menschlichen Glücksstreben, über seine Irrwege und Sackgassen, die im Glücksinfarkt enden oder seine heilsamen Wege in gelungenes glückliches Leben.

 *„Befreiter leben!"* ist ein hochaktuelles Gleichnis als *„Music-Textival"* zu unserer wuchernden, wachstumsgebannten Lebensweise und der Krisenlage unseres Planeten. Texte in "Lasse Los: Seid Ihr noch zu retten?" Lieder in: *„Lasse Los ... da muss doch noch LEBEN ins Leben rein!"*

 Der Band *"Im Staunen bin ich freigesetzt"* präsentiert Gedichte und Lieder zum Thema "Staunen" in Träumen, im Wachzustand, als Erwachen und in Begegnungen. Diese Version ist **ein Auszug als Hörprobe** aus dem gleichnamigen Band: "Lasse Los: Im Staunen bin ich freigesetzt".

 In *"Lasse Los: Den Umkehr-Blick wagen!"* habe ich ein schöpferisches Experiment entfaltet. Es ist ein **Gedichtband mit Wort-Bildern und Gedichten,** aus dem ich hier **Auszüge als Lesung** poste, um die Neugier auf ihn zu wecken.